거장들의 시크릿 02

스티브 잡스

스티브 잡스

창조적으로 생각하고
끈기 있게 도전하라

글 백은하 | 그림 박현정

프롤로그

창조적으로 생각하고 끈기 있게 도전하라
스티브 잡스

　　　　스티브 잡스는 우리가 살고 있는 이 시대에 가장 훌륭한 경영인으로 손꼽히는 사람이에요. 남들과는 다르게 생각하려는 창의력과 쉽게 포기하지 않는 도전 정신으로 수많은 어려움을 극복하고 지금의 명성을 얻게 되었지요.

　스티브 잡스는 십대였던 1970년대 말, 이미 컴퓨터 업계에서는 '이단아'로 불릴 만큼 독특한 발상으로 누구도 예상하지 못했던 컴퓨터를 만들었어요. 최초의 개인용 컴퓨터라고 할 수 있는 '애플1, 2'가 바로 그것이었지요. 스티브 잡스는 '애플'로 이십대 초반에 많은 사람들이 부러워하는 부자가 되었어요. 하지만 혹독한 시련과 위기를 맞고, 모든 재산을 잃는 실패를 맛보았지요.

　그러나 스티브 잡스는 주저앉지 않았어요. 어려서부터 마음에 새기고, 몸으로 익힌 스티브 잡스만의 비밀이 '포기하라'는 생각이 비집고 들어올 틈을 주지 않았던 거지요. 스티브 잡스만의 비밀은 바로 창의력과 끈기였어요.

'남들과 다르게 생각하라!',
'어떤 순간에도 포기하지 말고 끈기 있게 도전하라!'.
스티브 잡스는 이 성공 비결을 가슴에 품고 다시 돌아와 〈토이 스토리〉, 〈벅스 라이프〉를 만들었어요. 결과는 대성공이었지요. 그는 삼억오천 달러를 벌어들이며 애니메이션계의 거물이 되었어요. 이어 자신을 버렸던 '애플'로 돌아가 '아이맥'이라는 독창적인 상품을 만들어 흔들리던 회사를 다시 세웠어요. 현재 스티브 잡스는 독창성으로 부와 명성을 얻은 인물의 대명사예요. 하지만 독창성만으로 성공을 이룰 수는 없어요. 많은 구슬을 꿰어야만 아름다운 목걸이가 되듯 성공도 여러 가지 능력이 모아져야 이룰 수 있거든요. 이제부터 스티브 잡스가 들려주는 성공 비결을 만나 보아요. 여러분의 미래가 될 비밀을 말이에요.

차례

1 기계를 가지고 노는 아이 • 8
   시크릿 포인트 : 모든 것에 호기심을 가져라 • 24

2 컴퓨터에 빠지다 • 26
   시크릿 포인트 : 자립심을 가지고 스스로 노력하라 • 36

3 스티브 잡스와 스티브 워즈니악 • 38
   시크릿 포인트 : 마음이 맞는 친구와 꿈을 나누어라 • 50

4 대학교를 그만두다 • 52
   시크릿 포인트 : 자기 자신에게 솔직하라 • 66

5 '애플'의 탄생 • 68
   시크릿 포인트 : 자신감을 가지고 당당하게 행동하라 • 84

6 끊임없이 도전하다 • 86
   시크릿 포인트 : 고생도 즐겨 보아라 • 102

7 꿈의 컴퓨터 '애플2' • 104
  시크릿 포인트 : 찾아온 기회를 꽉 잡아라 • 124

8 시련이 찾아오다 • 126
  시크릿 포인트 : 시련과 위기를 받아들여라 • 138

9 '애플'에서 쫓겨나다 • 140
  시크릿 포인트 : 절대로 포기하지 마라 • 152

10 새로운 출발 • 154
   시크릿 포인트 : 새로운 가능성을 찾아라 • 168

11 끝나지 않은 신화 • 170
   시크릿 포인트 : 항상 새롭게 도전하라 • 182

1 기계를 가지고 노는 아이

사람들은 말썽꾸러기 스티브 잡스의 실력을 인정하기 시작했다.
"스티브, 수리비는 줄 테니 이 텔레비전을 좀 고쳐 줄래?"
"수리비는 따로 안 받아요. 부품 값만 주시면 돼요."
스티브 잡스는 늘 야무지게 대답했다.
고장 난 기계들을 고치면서 점점 자신감이 붙었다.

"스티브, 정말 못 말리겠구나."

어머니는 단단히 화가 났다. 스티브 잡스가 어머니 몰래 머리핀을 전기 *소켓 안에 집어넣었기 때문이었다. 하마터면 큰 사고가 날 뻔했다. 다행히 불이 나지는 않았지만, 작은 불꽃이 튀어 거실 바닥에 흠집이 났다.

"잘못했어요."

머리핀을 손에 쥐고 스티브 잡스는 눈물을 뚝뚝 흘렸다.

저녁이 되어 아버지가 집에 돌아왔다. 어머니는 아버지에게 낮에

* **소켓** | 전구 따위를 끼워 넣어 전선과 만나게 하는 기구.

있었던 일을 들려주었다.

"여보, 스티브 때문에 걱정이에요. 이제 겨우 여섯 살인데 벌써부터 전기 소켓으로 장난을 쳐요. 어쩌면 좋아요?"

"스티브, 전기는 위험한 거야. 다음부터 절대 그러면 안 된다."

아버지는 스티브 잡스를 부드럽게 타이르며 감싸 주었다.

스티브 잡스는 고개를 끄덕였다.

하지만 며칠 뒤, 어머니는 텔레비전 전원을 켜려다가 깜짝 놀라 크게 소리쳤다.

"스티브, 이게 도대체 뭐니? 이번에는 텔레비전을 고장 냈구나. 이를 어쩌면 좋아."

텔레비전은 엉망이 되어 있었다. 스티브 잡스가 텔레비전 뒷면을 몽땅 뜯어 놓았기 때문이었다. 겁이 난 스티브 잡스는 아버지 등 뒤로 쏙 숨었다.

"스티브, 또 말썽을 부렸구나. 괜찮아. 아빠도 어렸을 때 너처럼 그랬단다."

아버지는 웃으며 스티브 잡스를 다독여 주었다.

"당신이 스티브를 자꾸 감싸니까 더 그러잖아요. 왜 따끔하게 야단치지 않아요? 어제는 옆집 아주머니가 단단히 화가 나서 쫓아왔다고요. 스티브가 라디오를 망가뜨렸다며 물어내라고 한바탕 난리였어요."

어머니는 더 화가 났다.

스티브 잡스는 이웃에 사는 친구네 집에 곧잘 놀러가곤 했다. 그런데 친구와 놀던 스티브 잡스는 호기심에 라디오를 뜯어 놓은 것이었다. 화가 난 친구네 어머니는 스티브 잡스의 귀를 잡아끌고 와서 라디오를 물어내라며 한바탕 따지고 갔다.

"하하!"

아버지는 크게 웃었다.

"지금 웃음이 나와요?"

어머니는 화난 목소리로 따졌다.

"여보, 그렇게 화를 낼 문제만은 아니잖소. 우리 스티브가 호기심이 많아서 그런 거니까."

아버지는 어머니를 꼭 안아 주었다. 그리고 큰 소리로 스티브 잡스를 불렀다.

"스티브, 연장을 들고 따라오너라."

다락방에 숨어 있던 스티브 잡스는 재빨리 아버지를 쫓아 나갔다.

아버지는 스티브 잡스를 데리고 차고로 갔다.

"스티브, 무엇이든지 직접 눈으로 보고, 만져 보는 것이 좋아. 자동차 아래쪽은 아주 흥미롭단다."

스티브 잡스는 아버지를 따라 차고 바닥에 누워 자동차 밑으로 들어갔다.

"스티브, 풍부한 호기심은 아주 좋은 거란다. 하지만 다치지 않도록 조심해야 한단다. 그리고 네 것이든 남의 것이든 물건은 소중하다는 걸 알아야 해. 궁금하다고 무턱대고 남의 집 물건에 손을 대는 것은 잘못된 행동이야."

"네, 아빠!"

"다음부터는 조심하겠다고 약속할 수 있지?"

"걱정 마세요."

스티브 잡스는 아버지와 차고 바닥에 나란히 누워 새끼손가락을 걸고 약속했다.

"그럼 지금부터 자동차를 살펴볼까? 자동차는 엔진이 가장 중요하단다."

아버지는 스티브 잡스에게 언제나 자상했

다. 기계에 관심이 많은 스티브 잡스에게 여러 가지 도구들을 보여 주었다. 그리고 직접 물건을 만들 수 있도록 도와주었다.

스티브 잡스는 차고에서 아버지와 보내는 시간이 즐거웠다.

아버지와 어머니는 스티브 잡스의 친부모가 아니었다. 스티브 잡스는 태어나자마자 가정 형편이 어려워, 입양되었다. 비록 친부모는 아니었지만, 아버지와 어머니는 늘 사랑으로 스티브 잡스를 감싸 주었다. 아버지는 성실한 기술자였고, 어머니는 평범한 회사원이었다. 스티브 잡스는 영리하고 호기심 많은 아이로 자라났다.

스티브 잡스가 일곱 살이 되었을 때, 아버지는 버려진 냉장고를 주워 와 스티브 잡스 앞에서 분해했다.

"스티브, 냉장고는 *냉각 팬이 가장 중요해. 그래서 냉장고가 시원하지 않으면 냉각 팬부터 살핀단다."

"우아, 보고 싶어요!"

스티브 잡스는 아버지가 하는 말에 귀를 기울이며 꼼꼼하게 냉장고 구석구석을 살펴보았다. 그러면서 속으로 다짐했다.

'이다음에 자라서 아빠 같은 훌륭한 기술자가 될 거야.'

---

* 냉각 팬 | 날개가 빙글빙글 돌아가면서 공기를 내보내 기계를 식히는 장치.

스티브 잡스는 어릴 때부터 아버지를 보면서 꿈을 키웠다. 틈만 나면 동네를 돌면서 버려진 기계들을 주워 와 이리저리 만져서 고쳐 냈다.

소문을 들은 동네 사람들이 고장 난 기계를 가지고 스티브 잡스를 찾아왔다. 사람들은 말썽꾸러기 스티브 잡스의 실력을 인정하기 시작했다.

"스티브, 수리비는 줄 테니 이 텔레비전을 좀 고쳐 줄래?"

"수리비는 따로 안 받아요. *부품 값만 주시면 돼요."

스티브 잡스는 늘 야무지게 대답하였다. 고장 난 기계들을 고치면서 점점 자신감이 붙었다.

새해가 되고 며칠 지나지 않아 아버지가 말했다.

"스티브, 회사 일 때문에 다음 주에 이사를 가게 되었단다. 갑자기 결정된 일이라 어쩔 수 없구나."

스티브 잡스는 무척 아쉬웠다. 앞으로 동네 사람들의 기계를 고쳐 줄 수 없기 때문이었다.

스티브 잡스네 가족은 이사를 갔다. 새로 살게 된 곳은 공장이 즐비

---

* **부품** | 기계 따위의 어떤 부분에 쓰는 물품.

했다. 스티브 잡스는 빼곡하게 들어선 공장들과 작업복을 입은 기술자들을 보며 자랐다.

스티브 잡스가 초등학교에 입학하자, 어머니는 걱정이 되었다.

"기계를 가지고 노는 것만 좋아하는 스티브가 학교에 잘 다닐 수 있을지 모르겠어요."

"걱정하지 마요. 우리 스티브는 잘 해낼 테니까."

아버지는 어머니를 안심시켰다.

스티브 잡스가 초등학교에 입학한 지 한 달이 지났다.

"스티브, 전혀 집중을 하지 않는구나. 뒤로 나가 서 있어!"

스티브 잡스는 공부에 통 관심이 없었다. 그래서 수업 시간에 딴 짓을 하기 일쑤였다. 스티브 잡스는 선생님한테 야단을 맞으면서 속으로 생각했다.

'학교는 정말 재미없어. 집에서 혼자 기계를 고치는 게 훨씬 좋아.'

수업이 끝나고, 스티브 잡스는 시무룩한 표정을 하고 집으로 돌아왔다. 어머니는 스티브 잡스의 얼굴을 보고 걱정스럽게 물었다.

"스티브, 무슨 일이 있었니?"

스티브 잡스는 고개를 푹 숙였다.

"학교에 다니기 싫어요. 재미없어요. 수업 시간에도 시시한 것만 배워요."

"스티브, 많이 속상했구나. 그런데 학교는 공부만 하기 위해 가는 곳은 아니야. 친구들과 잘 어울리는 것도 무척 중요하단다. 한 번 노력해 보렴."

스티브 잡스는 풀이 죽어 고개를 끄덕였다. 어머니는 스티브 잡스를 안쓰럽게 바라보았다.

어느덧 스티브 잡스가 사 학년이 되었다.

"오늘부터 여러분과 함께 지낼 힐이라고 해요."

새 담임 선생님이 인사를 했다.

새 학기가 되어도 스티브 잡스는 여전히 수업 시간이 재미없었다. 언제나 맨 뒷자리에 앉아서, 라디오 같은 전기 제품을 뜯어 다시 조립하곤 했다. 어느 날, 그런 스티브 잡스를 눈여겨본 힐 선생님이 스티브 잡스를 불렀다.

"스티브, 그동안 너를 쭉 지켜보았다. 너는 머리가 좋은데도 공부를 전혀 하지 않더구나. 오늘부터 나와 협상을 하는 게 어떻겠니?"

"협상이요?"

"그래. 수학 교과서에 있는 문제를 한 달 안에 다 풀어 오면, 선물로 오 달러와 사탕 한 봉지를 줄게."

스티브 잡스는 귀가 솔깃해졌다. 오 달러면 새로운 부품을 몇 개나 살 수 있었다. 스티브 잡스는 힐 선생님과 협상을 하고, 그날부터 열심히 수학 문제를 풀기 시작했다. 책상 앞에 앉아 꼼짝도 하지 않았다.

부모님은 하루아침에 달라진 스티브 잡스를 보고 깜짝 놀랐다. 이상한 생각이 든 아버지가 큰 소리로 스티브 잡스를 불렀다.

"스티브, 모형 자동차 만들지 않을래?"

"저 공부해요. 부르지 마세요."

스티브 잡스는 한 달 동안 수학 문제를 푸는 데만 열중했다. 집으로 돌아오면 곧바로 책상 앞에 앉았다.

힐 선생님과 약속한 날이 다가왔다. 스티브 잡스는 결국 수학 교과서에 있는 모든 문제를 다 풀었다. 힐 선생님은 약속대로 오 달러와 사탕 한 봉지를 주었다.

"스티브, 정말 대단하구나. 너는 해낼 줄 알았어. 그런데 이 오 달러를 어디에 쓸지 물어봐도 되니?"

"새로운 부품을 사고 싶어요. 그래도 되죠?"

"물론이지. 그 돈은 네가 쓰고 싶은 대로 써도 좋아. 그런데 혹시 카메라 만드는 방법을 알고 있니?"

스티브 잡스는 고개를 갸우뚱하며 대답했다.

"아니요. 선생님은 알고 계세요?"

"물론이지."

"정말이요? 그럼 가르쳐 주세요. 빨리요."

스티브 잡스는 신이 나서 힐 선생님을 졸랐다.

그날 힐 선생님은 늦게까지 남아 스티브 잡스에게 카메라 만드는 방법을 자세하게 알려 주었다. 스티브 잡스는 힐 선생님에게 카메라 만드는 방법뿐만 아니라, 열정과 집중력도 함께 배웠다.

스티브 잡스는 한 번 문제를 풀기 시작하면 답을 알 때까지 절대 손에서 놓지 않았다. 그러면서 차츰 공부에 흥미를 느꼈고, 성적도 많이 올랐다.

사 학년이 끝나 갈 무렵, 힐 선생님은 스티브 잡스네 집에 찾아왔다. 힐 선생님은 아버지와 어머니에게 조심스럽게 이야기를 꺼냈다.

"스티브는 이미 초등학교에서 가르치는 수업 내용을 모두 이해하고 있어요. 무척 똑똑한 아이입니다. 그러니 곧바로 고등학교에 들어가도 될 듯합니다."

하지만 아버지와 어머니는 스티브 잡스가 중학교를 건너뛰는 것은 좋지 않다고 생각했다.

"선생님, 저는 스티브가 또래 아이들과 함께 지냈으면 합니다. 언젠가 그런 시간들이 스티브에게 좋은 추억이 되리라 생각합니다."

"그럼 몇 년을 앞당겨서 다니는 건 어떨까요? 스티브의 재능이 아까워서 그렇습니다."

그러나 힐 선생님은 아버지와 어머니를 설득하지 못했다. 다만 스티브 잡스가 한 학년이라도 먼저 올라가야 한다고 거듭 부탁을 했다. 그렇게 해서 스티브 잡스는 초등학교 한 학년을 건너뛰고, 육 학년이 되었다.

시크릿 포인트 1 / Secret Point

모든 것에 호기심을 가져라

집에서, 교실에서, 운동장에서 주변을 찬찬히 둘러보아요. 우리 주변에는 참 많은 물건들이 있어요. 이 물건들은 호기심을 잔뜩 불러일으키지요. 여러분에게 호기심을 불러일으키는 물건은 무엇인가요? 그리고 호기심이 생기면 어떻게 하나요? 사람들은 새롭고 신기한 물건을 보면, 호기심이 일어나 더욱 자세히 알고 싶어지지요.

스티브 잡스는 어려서부터 호기심이 많았어요. 툭하면 주위의 물건들을 가지고 자신만의 방법으로

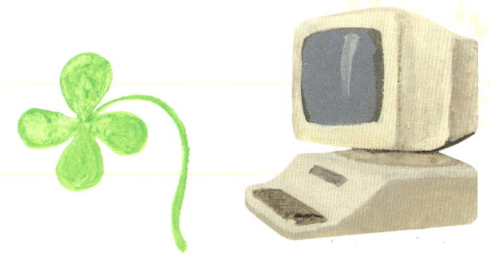

  실험을 했지요. 스티브 잡스는 기계를 보면 속이 어떻게 생겼는지 아주 궁금했어요. 친구네 집에 있는 라디오를 뜯어 놓아 야단을 맞기도 했지요. 다행히 스티브 잡스의 아버지는 함께 기계들을 살피며 스티브 잡스에게 호기심을 키워 주었어요. 스티브 잡스의 이런 호기심은 뛰어난 실력으로 이어졌어요. 스티브 잡스는 점차 기계에 대해 잘 알게 되었고, 기계를 잘 다루게 되었지요. 스티브 잡스는 기계를 분해하고, 조립하고, 고치기를 수없이 되풀이했어요. 호기심으로 시작했기 때문에 질리지 않고, 즐겁기만 했지요.

  이렇게 호기심은 재능이 되고, 끈기와 집중력을 길러 주어요. 또 일을 흥미롭게 할 수 있는 밑거름이 되지요. 여러분도 주변에 있는 것들을 그냥 지나치지 말고, 호기심을 가져 보아요.

2 컴퓨터에 빠지다

스티브 잡스에게는 새로운 꿈이 생겼다.
'지금은 컴퓨터를 가질 수 없지만, 조금만 더 크면
꼭 내 손으로 컴퓨터를 만들 거야.
아주 새로운 컴퓨터를 만들어서 누구나 손쉽게
컴퓨터를 쓸 수 있도록 할 거야.'

어느덧 스티브 잡스는 초등학교 육 학년이 되었다. 하루는 학교에서 돌아온 스티브 잡스가 들뜬 목소리로 자랑을 늘어놓았다.

"내일 학교에서 '휴렛팩커드' 회사에 견학을 간대요."

"정말 좋겠구나. 엄마도 기대되는걸."

어머니는 맞장구를 쳐주었다.

"아빠도 아직 컴퓨터는 자세히 본 적이 없는데 굉장하구나. 다녀와서 자세하게 알려 주렴. 그런데 스티브, 래리 랭 아저씨가 차고에서 너를 기다리고 있어. 얼른 가 봐라."

스티브 잡스는 신이 나서 부리나케 달려 나갔다. 이웃에 사는 랭 아저씨는 '휴렛팩커드'에서 기술자로 일했다.

랭 아저씨는 아버지한테 부탁을 받고, 일주일에 한 번씩 스티브 잡스에게 기계 다루는 법을 알려 주었다. 스티브 잡스는 그 시간이 아주 즐거웠다.

스티브 잡스는 랭 아저씨를 보자마자 자랑부터 했다.

"내일 아저씨네 회사에 견학을 가요."

"그래? 그거 정말 신나겠구나."

"네. 드디어 컴퓨터를 볼 수 있게 되었어요. 정말 기대되요."

"컴퓨터는 아주 복잡한 기계란다. 내일 한눈팔지 말고, 설명을 잘 들으려무나."

랭 아저씨는 웃으면서 스티브 잡스의 머리를 쓰다듬어 주었다. 그리고 나서 가방에서 부품 하나를 꺼냈다.

"스티브, 오늘 새로운 부품을 구했는데 한 번 보지 않겠니?"

스티브 잡스는 부품을 자세히 들여다보며 물었다.

"이건 어디에 쓰는 거예요? 굉장히 복잡하게 생겼어요."

"전자 장치를 만드는 데 쓰는 거란다."

"제가 조립해 볼게요."

스티브 잡스는 새로운 기계나 부품을 보면 가슴이 설레었다. 부품으로 무엇을 만들 수 있는지 알아내는 데 온 정신을 쏟았다.

다음 날 '휴렛팩커드'로 견학을 간 스티브 잡스는 회사를 둘러보고 깜짝 놀랐다. 지금까지 보지 못했던 여러 가지 기계들이 잔뜩 있었다.

스티브 잡스는 특히 컴퓨터에서 눈을 떼지 못했다. 1930년대에 처음 세상에 나온 컴퓨터는 계속 발전하고 있었다. 하지만 가정에서 컴퓨터를 쓰는 것은 꿈도 꾸지 못할 일이었다.

마침 랭 아저씨가 견학 온 아이들에게 설명을 하고 있었다. 랭 아저씨는 스티브 잡스를 보자, 반갑게 눈을 찡긋했다.

"이게 바로 우리 회사에서 만든 *3세대 직접 회로 컴퓨터란다. 네 자리 숫자 계산 정도는 눈 깜짝할 사이에 끝내 버리지. 정말 굉장하지 않니?"

랭 아저씨의 설명을 들은 스티브 잡스는 눈을 반짝거렸다. 스티브 잡스는 컴퓨터의 매력에 흠뻑 빠졌다.

스티브 잡스는 견학이 끝날 때까지 컴퓨터 생각만 했다. 집에 돌아온 스티브 잡스에게 어머니가 물었다.

"견학은 잘 했니?"

"그럼요. 정말 재미있었어요. 그런데……."

스티브 잡스가 뜸을 들이며 말을 하지 못하자, 어머니가 다시 한번 물었다.

"왜 그러니? 무슨 고민이라도 있는 거야?"

"아, 아니에요."

스티브 잡스는 컴퓨터를 가지고 싶었지만, 차마 사 달라고 말할 수 없었다. 집안 형편이 좋지 않다는 것을 알고 있기 때문이었다.

스티브 잡스는 몇 주가 지나서 랭 아저씨에게 물었다.

---

* **3세대 직접 회로** | 구성 소자가 직접 회로인 컴퓨터의 세대별 분류.

"아저씨, 컴퓨터는 왜 집에서 쓸 수 없어요?"

"아무래도 비싸니까 그렇지."

"컴퓨터는 왜 비싸요?"

"하하, 이것저것 묻는 것을 보니 컴퓨터에 푹 빠졌구나."

스티브 잡스는 고개를 끄덕였다.

"컴퓨터에는 많은 *전기 회로와 부품들이 들어간단다. 그리고 여러 가지 프로그램이 들어 있어서 많은 일을 할 수 있지. 그러니 당연히 비쌀 수밖에 없지."

스티브 잡스는 랭 아저씨의 말을 듣고 나서도 한동안 컴퓨터를 살 수 있는 방법을 찾아보았다. 하지만 컴퓨터를 얻기란 하늘의 별 따기보다 더 어려운 일이었다.

스티브 잡스에게는 새로운 꿈이 생겼다.

'지금은 컴퓨터를 가질 수 없지만, 조금만 더 크면 꼭 내 손으로 컴퓨터를 만들 거야. 아주 새로운 컴퓨터를 만들어서 누구나 손쉽게 컴퓨터를 쓸 수 있도록 할 거야.'

몇 달 뒤, 스티브 잡스는 *주파수 측정기를 만들다가 도움을 구하러

---

* **전기 회로** | 전류가 흐르는 통로.
* **주파수 측정기** | 단위 시간당 전자파의 반복 수를 재는 장치.

랭 아저씨를 찾아갔다. 그러나 랭 아저씨도 기계를 완성할 수 없었다.

"스티브, 미안하구나. 부품이 모자라서 더 이상은 안 되겠구나."

스티브 잡스는 곰곰이 생각한 끝에 당차게 말했다.

"아저씨, 그럼 '휴렛팩커드'에 전화해서 도와 달라고 할까요?"

"우리 회사에서 너 같은 아이에게 대꾸를 해 줄까? 게다가 이 부품은 아주 비싸단다."

스티브 잡스는 이대로 포기할 수 없다고 생각했다. 그리고 용기를 내어 '휴렛팩커드'의 회장에게 전화를 걸었다.

스티브 잡스는 한참 동안 자신을 소개한 뒤, 주파수 측정기를 만드는 데 필요한 부품 이야기를 꺼냈다. 스티브 잡스의 야무지고 당찬 말솜씨에 '휴렛팩커드'의 회장은 깜짝 놀랐다.

"허허, 어린아이가 배짱이 아주 두둑하구나. 기계에 관심이 많니?"

"네, 나중에 꼭 컴퓨터를 만들 거예요."

스티브 잡스의 열정에 '휴렛팩커드'의 회장은 부품을 보내 주기로 약속했다. 그리고 며칠 뒤에 스티브 잡스에게 직접 전화를 걸었다.

"스티브, 너에게 아주 적당한 *아르바이트 자리가 있는데 혹시 할

---

* **아르바이트** | 본래 하는 일이 아닌, 임시로 하는 일.

생각이 있니?"

"아르바이트요? 그럼 돈도 벌 수 있나요?"

"설마 공짜로 부려 먹을까 봐?"

스티브 잡스는 '휴렛팩커드'에서 아르바이트를 시작했다. 스티브 잡스가 맡은 일은 컴퓨터의 나사가 잘 조여졌는지 확인하는 것이었다. 스티브 잡스는 '휴렛팩커드'에서 날마다 두 시간씩 일을 했다. 이 아르바이트 자리는 스티브 잡스를 기특하게 여긴 '휴렛팩커드'의 회장이 일부러 만든 자리였다.

스티브 잡스는 아르바이트를 하는 여섯 달 동안 날마다 컴퓨터를 보는 것만으로도 행복했다. 또 스스로 돈을 벌었다는 사실이 뿌듯했다. 비록 적은 돈이었지만, 집안 살림에 보탬이 되었다. 스티브 잡스는 미래를 위한 꿈을 조금씩 키워 나갔다.

시크릿 포인트 2
Secret Point

자립심을 가지고 스스로 노력하라

여러분은 어떤 꿈을 가졌나요? 자상한 선생님을 보면 선생님이 되고 싶나요? 멋있는 가수를 보면 가수가 되고 싶은가요? 꿈이 무엇이든 꿈을 이루려면 실력을 갈고닦으며 스스로 노력해야 해요. 원하는 것을 얻기 위해 부모님에게 떼를 쓰는 것은 다른 사람의 힘을 빌리는 것이에요. 목표가 있으면 스스로 노력해야 하지요.

스티브 잡스는 구하기 힘든 부품을 어떻게 얻을 수 있을까 고민했어요. 그리고 당차게도 '휴렛팩커드'의 회장에게 전화를 걸어 부품을 달라고 부탁했어요. '휴렛팩커드'의 회장은 스티브 잡스의 열정을 알아보고 마음을 움직였어요. 스티브 잡스에게 자신의 회사에서 일할 수 있도록 신경을 써 주었던 것이지요. 자기 손으로 컴퓨터를 만들어 내겠다는 스티브 잡스의 생각은 강한 의지가 되었지요. 그래서 다른 사람의 마음을 움직이고 기회를 얻을 수 있었던 거예요. '휴렛팩커드'에서 아르바이트를 하게 된 것은 스티브 잡스가 스스로 만들어 낸 결과인 셈이지요.

만약 스티브 잡스에게 자립심이 없었다면, '휴렛팩커드'의 회장에게 전화를 걸지 못했을 거예요. 자립심이 강한 스티브 잡스는 자신이 정한 길을 가기 위해 스스로 노력했지요. 목표를 정하고, 목표를 이루기 위해 노력하는 것은 자신의 몫이에요. 누구도 대신해 줄 수 없어요. 다른 사람한테 기대지 않고, 스스로 해 나가는 마음가짐은 꿈을 향해 나아가는 첫걸음이지요.

3 스티브 잡스와 스티브 워즈니악

워즈니악은 지금까지 만난 사람들 가운데 컴퓨터에 대해
아는 것이 가장 많았다. 워즈니악도 스티브 잡스가 마음에 들었다.
워즈니악은 스티브 잡스보다 다섯 살이나 많았지만 전혀 신경 쓰이지 않았다.
두 사람은 만나기만 하면 전자 공학에 대한 이야기를 나누었다.

스티브 잡스가 열일곱 살이 되던 해, 스티브 잡스네 가족은 이사를 갔다. 아버지가 새로운 곳에서 일하게 되었기 때문이었다. 스티브 잡스는 오랫동안 살았던 동네를 떠나는 게 아쉬웠다.

스티브 잡스는 새로운 동네에서 고등학교에 입학했다. 그렇지만 얼마 지나지 않아 학교 생활에 싫증을 느꼈다. 친구들과도 잘 어울리지 못했다. 스티브 잡스와 같은 또래 친구들은 노는 데만 관심이 있었다.

'나는 컴퓨터에 대해서 더 연구하고 싶은데, 아이들은 오히려 내 행동을 안 좋게 생각하고 있어. 함께 연구할 수 있는 친구가 있으면 좋을 텐데……'

스티브 잡스는 같이 어울릴 친구가 없어서 쓸쓸했다. 학교 성적도 엉망이었다. 하지만 컴퓨터를 향한 열정은 커져만 갔다.

'미래에는 *마이크로 칩이 개발될 거야. 그렇게 되면 누구나 쉽게 살 수 있는 소형 컴퓨터를 만들 수 있어. 컴퓨터 프로그램도 많아질 테고. 내가 모든 사람들을 위한 컴퓨터를 만들 거야.'

스티브 잡스는 어디에서 컴퓨터 이야기만 나오면 귀가 번쩍 뜨였다. 컴퓨터 생각만 하면 가슴이 벅찼다. 그러나 늘 혼자 생각해야 했기에 외로웠다. 마음이 맞는 친구가 필요했다.

어느 날 스티브 잡스는 학교에 가지 않고, '휴렛팩커드'의 *협의회에 나갔다. 랭 아저씨가 스티브 잡스에게 협의회 입장권을 보내 주었기 때문이었다.

협의회는 고등학생인 스티브 잡스가 갈 수 없는 자리였다. 스티브 잡스는 조용히 뒷자리에 앉아 사회자가 하는 말에 귀를 기울였다. 좀 더 자세히 듣고 싶은데, 소리가 잘 들리지 않았다. 그래서 자리를 옮기려고 조심스럽게 앞으로 걸어갔다.

그런데 그만 누군가와 부딪치고 말았다. 부딪친 사람은 스티브 잡

---

* **마이크로 칩** | 아주 작은 크기로 만들어진 컴퓨터 회로.
* **협의회** | 어떤 일을 결정하기 전에 의견을 모으고 조정하는 기관.

스와 나이가 비슷해 보였다.

"미안해요. 좀 더 자세히 듣고 싶어서 앞으로 가다가 그만······."

"그래요? 나도 그랬는걸요."

두 사람 다 앞쪽으로 자리를 옮기려다 부딪친 것이었다.

스티브 잡스는 협의회가 끝나고, 아까 부딪친 사람에게 다가갔다.

"내 이름은 스티브 잡스라고 해. 아까는 정말 미안했어."

"괜찮아. 나는 스티브 워즈니악이야."

그 순간 스티브 잡스의 눈이 반짝 빛났다.

"스티브 워즈니악이라고?"

"나를 알고 있니?"

"컴퓨터뿐만 아니라 *전자 공학에 대해 모르는 것이 없다는 소문을 들었어."

"그래? 어쨌든 반가워."

스티브 잡스는 랭 아저씨에게 워즈니악에 대한 이야기를 들은 적이 있었다. 버클리 대학교를 다니는 워즈니악은 전자 공학의 천재로 불리고 있었다.

---

* **전자 공학** | 전자의 운동 현상을 연구하고, 응용 기술을 연구하는 학문.

스티브 잡스는 너무나 반가웠다.

"워즈니악, 나는 그동안 친구가 없었어. 아마 너를 만나려고 그랬던 것 같아."

"하하하, 나와 관심 분야가 같구나."

"맞아. 워즈니악, 나는 성능이 좋은 주파수 측정기를 만들려고 해. 네 도움을 받고 싶어."

스티브 잡스는 진심을 담아 부탁했다.

워즈니악은 스티브 잡스의 제안을 흔쾌히 받아들였다. 워즈니악은 스티브 잡스를 데리고 자신의 작업실로 향했다. 지하실에 만들어 놓은 워즈니악의 작업실은 아주 지저분했다. 작업실에는 각종 부품과 못 쓰는 기계들이 잔뜩 있었다.

스티브 잡스는 자신이 만든 주파수 측정기를 워즈니악에게 보여 주었다. 워즈니악은 스티브 잡스의 실력을 알아차리고 놀라지 않을 수 없었다.

"이 주파수 측정기는 내가 굳이 손을 대지 않아도 될 만큼 아주 잘 만들었어. 내가 도와줄 일이 없을 것 같은데."

그때 작업실 문을 두드리는 소리가 났다. 워즈니악이 문을 열자, 동네 꼬마 아이들이 우르르 들어왔다. 한 아이가 워즈니악을 조르기 시작했다.

"형, 얼른 가르쳐 주세요."

"저 아이들은 누구야?"

워즈니악은 멋쩍은지 뒷머리를 긁적이며 웃어 보였다.

"내 제자들이라고 할 수 있지. 하하, 농담이야. 동네 아이들한테 컴퓨터를 조금씩 가르쳐 주고 있어."

스티브 잡스는 워즈니악에게 배울 점이 무척 많았다. 워즈니악은 지금까지 만난 사람들 가운데 컴퓨터에 대해 아는 것이 가장 많았다. 워즈니악도 스티브 잡스가 마음에 들었다. 워즈니악은 스티브 잡스보다 다섯 살이나 많았지만 전혀 신경 쓰이지 않았다. 두 사람은 만나기만 하면 전자 공학에 대한 이야기를 나누었다.

여름 방학이 지난 어느 날, 워즈니악이 다급한 목소리로 스티브 잡스에게 전화를 걸었다. 스티브 잡스는 부랴부랴 달려갔다.

"워즈니악, 대체 무슨 일이야?"

"이 잡지에 전화 회사를 골려 주는 재미있는 방법이 나와 있어. 호루라기를 수화기에 대고 힘껏 불면 잠깐 동안 *혼선이 생긴대. 그러

---

* **혼선** | 전화, 통신 등에서 선이 서로 닿거나 전파가 뒤섞여 통신이 엉키는 일.

면 먼 거리에 있는 전화선을 마음대로 쓸 수 있어."

"정말 놀라운 사실인걸."

워즈니악은 계속해서 차근차근 설명했다.

"이 방법을 응용하면 시외 전화를 걸 수 있는 장치를 만들 수 있어."

"그럼 시외 전화를 공짜로 걸 수 있는 거야?"

"바로 그거야. 우리 둘이 가진 기술로 할 수 있는 일이야. 이제 부품만 사서 조립하면 돼."

스티브 잡스는 마음이 들떴다. 그때부터 스티브 잡스와 워즈니악은 부품을 사서 공짜로 시외 전화를 걸 수 있는 장치를 만들기 시작했다. 두 사람이 힘을 합치자, 전화선을 교묘하게 이용한 놀라운 장치가 완성되었다. 스티브 잡스와 워즈니악은 이 장치를 '블루 박스'라고 부르기로 했다.

워즈니악이 시험 삼아 멀리 떨어진 지역과 다른 나라에 전화를 걸어 보았다. 결과는 성공이었다. 스티브 잡스는 날아갈 듯이 기뻤다.

"워즈니악, 너는 정말 천재야!"

"네 도움이 없었다면 아마 성공하지 못했을 거야."

그때 스티브 잡스에게 기발한 생각이 떠올랐다.

"잘만 하면 이거 꽤 큰돈을 벌 수 있을 것 같아. 이 장치를 사람들에게 판다면 크게 인기를 끌 거야."

"사람들에게 판다고? 그런데 이런 것을 누가 사려고 할까?"

"가능성은 충분해. 그리고 '불가능은 없다'라는 말도 있잖아."

"좋아, 한번 해 보자."

스티브 잡스와 워즈니악은 우선 거리 곳곳에 광고지를 붙였다.

특보!

시외 전화, 국제 전화를 공짜로 걸 수 있는 '블루 박스' 개발.

빨리 주문하지 않으면 기회가 사라집니다.

기회는 서두르는 사람만 잡을 수 있답니다.

스티브 잡스가 일을 벌이는 솜씨는 대단했다. 주문이 쏟아지기 시작하더니 블루 박스가 불티나게 팔려 나갔다. 돈을 내지 않고 전화를 쓸 수 있었기 때문에, 특히 기숙사 생활을 하는 대학생들에게 인기가 많았다.

그러나 블루 박스를 이용해 전화를 공짜로 거는 것은 법에 어긋나는 일이었다. 스티브 잡스와 워즈니악은 결국 경찰에 붙잡혀 갔다.

"너희들, 이런 장치가 불법이라는 것을 몰랐어?"

"죄송해요. 정말 몰랐어요."

스티브 잡스와 워즈니악은 싹싹 빌어 겨우 풀려났다.

스티브 잡스와 워즈니악은 공원 의자에 앉아서 이야기를 나누었다.

"워즈니악, 정말 미안해. 나 때문에 경찰서까지 갔다 오고."

"무슨 소리야? 블루 박스를 만들자고 한 건 나잖아. 이만하길 다행이지 정말 큰일 날 뻔했어."

"맞아, 아쉽기는 하지만 우리 실력을 사람들에게 보여 주고, 인정받았어. 그것만으로 나는 만족해. 그리고 용돈도 조금 벌었잖아."

워즈니악은 스티브 잡스를 보며 환하게 웃어 주었다. 무언가를 곰곰이 생각하던 스티브 잡스가 워즈니악에게 진지하게 물었다.

"워즈니악, 너는 어떤 사람이 되고 싶어?"

"나는 내가 만든 컴퓨터로 많은 사람들에게 도움을 주고 싶어. 너는 어때?"

"나는 세계 최고의 컴퓨터 회사를 세우는 게 꿈이야. 그래서 전 세계 수많은 사람들이 내가 만든 컴퓨터를 쓰도록 하는 거야."

스티브 잡스와 워즈니악은 그날 오랫동안 미래에 대한 이야기를 나누었다. 그리고 뜻을 같이하기로 약속했다.

시크릿 포인트 3
Secret Point

마음이 맞는 친구와 꿈을 나누어라

함께 웃으면 즐거움이 배가 되고, 함께 울면 슬픔이 줄어들어요. 혼자서 하는 것보다는 두 사람이 힘을 합치면 더 많은 것을 이룰 수 있지요. 마음이 통하는 친구와 함께 있으면 참 즐거워요. 서로 관심이 같으면 서로에게 큰 도움이 되지요. 친구를 통해 그동안 몰랐던 것을 배울 수 있고, 선의의 경쟁도 할 수 있어요.

스티브 잡스는 마음이 통하는 친구를 찾기 힘들었어요. 스티브 잡스는 기계 다루는 것을 좋아했지만, 자신과 비슷한 관심거리를 가진 친구는 없었어요. 그래서 조금 외롭기도 했지요. 어느 날 스티브 잡스에게도 드디어 마음이 맞는 친구가 생겼어요. 워즈니악을 알게 된 스티브 잡스는 가슴이 시원하게 뚫리는 것 같았어요. 자신이 좋아하는 일을 함께 할 수 있는 친구가 생겼기 때문이에요. 워즈니악도 스티브 잡스를 알게 되어 기뻤어요. 두 사람은 함께 연구를 하고, 기계를 만들었어요. 실력이 더욱 빨리 늘고, 우정도 더 깊어졌지요.

마음이 통하는 친구를 얻는 것은 커다란 힘이 되어요. 친한 친구끼리 반드시 꿈이 같아야 하는 것은 아니에요. 서로 꿈이 다르다면, 상대방의 꿈을 존중해 주어요. 그리고 용기를 북돋워 주지요. 서로 꿈이 같다면, 꿈을 함께 키워 나가요. 친구와 꿈을 나눌수록 꿈에 더 빨리 다가갈 수 있어요.

4 대학교를 그만두다

"정말 대단한 젊은이들이야. 특히 자네는 대학교도 그만두었다면서
어디에서 그런 능력이 나오는지 알 수가 없군.
앞으로도 발전할 가능성이 눈에 보이는걸."
부시넬 사장은 스티브 잡스에게 칭찬을 아끼지 않았다.
스티브 잡스는 인정받았다는 생각에 가슴이 뿌듯했다.

1972년, 스티브 잡스는 대학교에 입학했다. 대학교는 고등학교와 사뭇 달랐다. 수염을 덥수룩하게 기른 남자들이 머리를 길러서 묶고 다녔다. 그리고 머리에는 띠를 두르고, 엉덩이까지 바지를 내려 입었다. 스티브 잡스에게는 모두 낯설고 우스꽝스러운 모습들이었다.

스티브 잡스는 기숙사에서 생활했다. 데니스라는 선배와 함께 방을 쓰게 되었다. 데니스도 이상한 옷차림을 하고, 머리를 묶고 다녔다. 하루는 스티브 잡스가 데니스에게 조심스럽게 물었다.

"왜 학생들이 이상하게 하고 다녀요?"

데니스는 웃으면서 대답했다.

"아, 그런 걸 히피라고 해. 히피는 젊은이들이 누리는 문화야. 돈이면 뭐든지 된다고 생각하는 물질 만능주의 사람들에게 맞서 반항을 하는 거야. 말하자면 자연주의를 주장하는 거지."

"자연주의요?"

"응. 자연과 환경을 지키고, 자유롭게 사랑을 이루자는 뜻이야."

스티브 잡스는 데니스의 이야기를 조금 이해할 것 같았다. 데니스는 스티브 잡스에게 책을 한 권 건넸다.

"혹시 너도 관심이 있으면 이 책을 읽어 봐. 도움이 될 거야. 자연주의가 무엇인지 제대로 알 수 있을 거야."

"잘 읽어 볼게요."

스티브 잡스는 책에 푹 빠져 들고 말았다. 그리고 며칠 동안 도서관에서 비슷한 종류의 책만 읽었다.

스티브 잡스가 대학교에 다닌 지 한 학기가 지났다. 기숙사에서만 생활하던 스티브 잡스가 오랜만에 집에 갔다. 아버지와 어머니는 스티브 잡스의 옷차림을 보고 기절할 뻔했다.

스티브 잡스가 잘 자라기만을 바라는 어머니는 잔소리를 하지 않을 수 없었다.

"스티브, 정말 너한테 실망이구나. 기껏 대학교에 보냈더니 이러고 다닌 거니? 네가 그토록 하고 싶다는 컴퓨터 연구는 포기한 거니? 너무 지저분해서 꼴도 보기 싫구나."

"그런 게 아니에요."

스티브 잡스는 웃으면서 차근차근 히피 문화에 대해 설명을 했다.

"듣기 싫구나. 다른 애들을 따라서 너도 똑같이 그러는 거야?"

어머니는 눈살을 찌푸렸다. 아버지는 어머니를 다독이며 말했다.

"당신, 걱정하지 않아도 될 것 같구려. 스티브의 이야기를 들어 보니, 히피 문화라는 것이 나쁜 건 아니잖소. 돈과 지위를 버리고 자연을 꿈꾼다는 게 얼마나 좋소?"

스티브 잡스는 늘 자신을 이해해 주는 아버지가 고마웠다.

한참 뒤 스티브 잡스가 뜸을 들이다 말을 꺼냈다.

"드릴 말씀이 있어요. 오늘 이 문제 때문에 집에 왔어요. 어쩌면 제게 실망하실 수도 있어요."

"뭔데 그렇게 뜸을 들이니?"

"저……. 학교를 그만두려고 해요."

"뭐?"

아버지와 어머니는 눈이 동그래졌다. 스티브 잡스는 거침없이 말을 이었다.

"학교에서는 제가 원하는 것을 이룰 수가 없어요. 학교는 단지 성적을 내기 위한 곳이고, 연구를 하기에는 답답한 점이 많아요. 그동안 기대를 많이 하셨을 텐데 죄송해요. 그렇다고 제 꿈을 포기하는 건 아니에요. 꿈을 위해 학교를 그만두고 싶다는 거예요."

"스티브, 또 다른 이유가 있는 건 아니냐? 혹시 등록금 걱정 때문이라면……."

아버지는 어두운 표정으로 심각하게 물었다. 스티브 잡스가 대학에 들어가고, 아버지가 다니던 공장이 갑자기 *부도가 났다. 그래서 아버지는 다른 일을 알아보는 중이었다.

　스티브 잡스는 속마음을 들킨 기분이었다. 학교 수업에 흥미를 못

---

* **부도** | 어음, 수표 등의 형식으로 약속한 돈을 약속한 날에 처리하지 못하는 일.

느끼기도 했지만, 부모님의 부담을 덜어 주고 싶기도 했다. 하지만 사실대로 말할 수는 없었다.

"아버지, 그런 이유는 절대 아니에요. 대학교에 다니는 동안 내내 생각해 온 일이에요."

어머니는 아쉬운 마음에 스티브 잡스를 타일러 보았다.

"그래도 학교는 마치는 것이 좋지 않겠니? 대학교를 졸업해야 사회생활을 하는 데 무리가 없을 텐데……."

아버지도 스티브 잡스를 말렸다.

"스티브, 우리가 무슨 걱정을 하는지 너도 잘 알 거라고 생각한다. 당장 학교를 그만둔다고 해서 너의 미래가 달라지는 건 아니지. 그래도 생각을 바꿀 수 없겠니?"

"네. 제 뜻은 변함없어요."

아버지와 어머니도 더는 스티브 잡스를 말릴 수 없었다.

"스티브, 대학교를 그만둔다고 절대 꿈을 포기해서는 안 된다. 꿈을 포기하는 사람은 자신을 포기하는 것과 마찬가지야."

스티브 잡스는 부모님을 생각하면서 마음속으로 최선을 다하겠다고 다짐했다. 스티브 잡스는 언제나 자신을 믿어 주는 부모님이 있다는 것에 감사했다.

스티브 잡스가 *자퇴를 하자, 친구들이 극성을 부리며 말렸다.

"스티브, 대학교를 그만두다니. 대학교 졸업장도 없이 어떻게 회사에 들어가?"

---

* **자퇴** | 스스로 그만둠.

하지만 스티브 잡스의 마음은 분명했다.

"졸업장은 나에게 중요하지 않아. 나는 일자리를 구해 그곳에서 기술을 배우겠어."

결국 스티브 잡스는 한 학기만 마치고 대학교를 그만두었다.

스티브 잡스는 사람을 구한다는 광고를 보고, '아타리'에 면접을 보러 갔다. 그런데 말쑥하게 차려입기는커녕 히피 차림 그대로였다.

스티브 잡스가 히피 차림으로 면접실에 들어가자, 면접관들이 눈살을 찌푸렸다. 하지만 스티브 잡스는 개의치 않고 딱 부러지게 대답했다. '아타리'의 부시넬 사장은 그런 스티브 잡스를 눈여겨보았다.

'아타리'는 전자오락 게임을 만드는 회사였다. 스티브 잡스는 회사에서 게임 *프로그래머로 얼마 동안 일을 했다. 그러고는 번 돈을 모아 인도로 훌쩍 여행을 떠났다.

스티브 잡스는 깨달음과 명상에 관심이 많았다. *수행자들이 많은 인도를 여행하며 정신을 새롭게 다졌다. 스티브 잡스는 누더기가 된 옷을 걸치고, 맨발로 돌아다니다 마침내 머리도 깎아 버렸다.

스티브 잡스는 인도에서 이리저리 떠돌며 온갖 고생을 겪은 뒤에야

---

* **프로그래머** | 진행 계획과 순서를 짜는 사람.
* **수행자** | 부처의 가르침을 실천하고 불도를 닦는 사람.

다시 돌아왔다. 여행을 마치고 되돌아왔을 때, 스티브 잡스는 가난에 찌든 인도 수행자와 같은 모습이었다. 스티브 잡스는 이번에도 그 차림 그대로 '아타리'에 갔다.

"이곳에서 다시 일을 하고 싶습니다."

부시넬 사장은 괴상한 꼴을 하고 있는 스티브 잡스를 흔쾌히 맞아 주었다.

한편 워즈니악은 대학교를 졸업하고, '휴렛팩커드'에 들어가 정식

직원으로 일하고 있었다. 그렇다고 스티브 잡스와 워즈니악의 사이가 달라지지는 않았다.

워즈니악은 가끔 '아타리'로 찾아와 스티브 잡스와 함께 전자오락을 즐기곤 했다. 스티브 잡스는 그런 워즈니악을 볼 때마다 부러웠지만 조금도 기죽지 않았다.

워즈니악은 한 번 전자오락을 시작하면 시간 가는 줄 몰랐다. 스티브 잡스가 게임 회사에서 일하는 덕분에 마음껏 전자오락을 할 수 있었다.

스티브 잡스는 일을 하다가 잘 풀리지 않는 문제가 생기면, 워즈니악에게 도와 달라고 했다. 워즈니악은 전자오락을 할 수 있어서 좋았고, 스티브 잡스는 워즈니악이 옆에 있어 든든했다.

그러던 어느 날, 부시넬 사장이 스티브 잡스를 따로 불렀다. 부시넬 사장은 스티브 잡스의 능력을 높이 사고 있었다. 스티브 잡스에게 게임 제작을 맡기면, 짧은 시간에 우수하게 해낼 것이라고 믿었다.

스티브 잡스는 워즈니악과 함께 게임을 만들기 시작했다. 스티브 잡스와 워즈니악은 날이 새는 것도 모르고 온 힘을 쏟았다. 그 결과, 이틀 만에 게임을 완성할 수 있었다.

스티브 잡스는 부시넬 사장에게 완성한 게임을 보여 주었다. 부시넬 사장은 아주 만족스러웠다. 시간도 얼마 걸리지 않았고, 게임도 아주 뛰어났다.

부시넬 사장은 스티브 잡스와 워즈니악에게 약속대로 *상여금과 휴가를 주었다.

"정말 대단한 젊은이들이야. 특히 자네는 대학교도 그만두었다면서 어디에서 그런 능력이 나오는지 알 수가 없군. 앞으로도 발전할 가능성이 눈에 보이는걸."

부시넬 사장은 스티브 잡스에게 칭찬을 아끼지 않았다. 스티브 잡스는 인정받았다는 생각에 가슴이 뿌듯했다.

"그래, 바로 이거야. 비록 대학교는 그만두었지만, 목표를 정하고 한 가지만 잘하면 뭐든지 할 수 있어. 남들이 학교에 다닐 때, 나는 열심히 컴퓨터를 연구하고 개발한다면 반드시 좋은 결과가 생길 거야."

---

* **상여금** | 회사에서 월급 외에 따로 주는 돈.

시크릿 포인트 4 / Secret Point

자기 자신에게 솔직하라

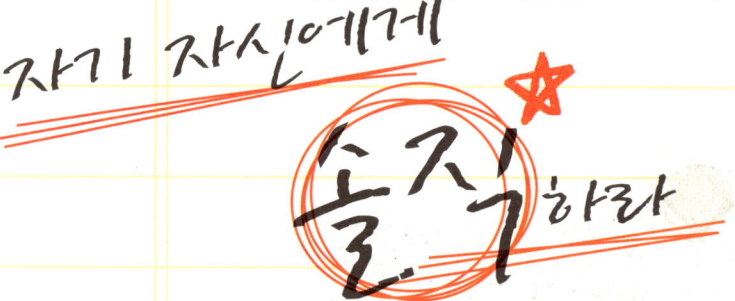

사람들은 누구나 하루에도 여러 가지 기분이 들지요. 기쁘기도 하고, 섭섭하기도 하고, 지루하기도 하지요. 만약 날마다 싸우던 친구가 전학을 가면 어떤 기분이 들까요? 때로는 자신의 마음인데도 잘 모를 때가 있어요.

스티브 잡스는 대학교를 일 년도 채 다니지 않고 그만두었어요. 대학교가 꿈을 이루는 데 도움이 되지 않는다고 생각했기 때문이에요. 게다가 대학교 등록금은 너무 비싸 스티브 잡스는 부모님에게 죄송한 마음이 들었지요. 대학교를 다니는 대신 발로 뛰어 원하는 것을 직

　접 얻어야겠다고 생각했어요. 비록 대학교를 졸업하지는 못했지만, 스티브 잡스는 전자오락 게임 회사에 들어가 일을 할 수 있었어요. 스티브 잡스는 인도로 여행을 떠나기도 했어요. 수행자처럼 인도 곳곳을 다니면서 깨달음을 얻고, 자신의 마음을 들여다보려 애썼어요.

　대학교를 그만두는 것은 부모님의 가슴을 아프게 하는 일이었어요. 하지만 부모님은 스티브 잡스를 믿어 주었지요. 스티브 잡스가 곰곰이 생각하고 스스로 내린 결론이라는 것을 알았기 때문이에요.

　여러분은 혹시 친구들이 하기 때문에 덩달아 하는 일은 없나요? 쓸데없이 고집을 피운 적은 없나요? 자신의 마음을 잘 들여다보아요.

　자기 자신에게 솔직한 사람만이 미래를 향해 망설임 없이 나아갈 수 있어요.

5 '애플'의 탄생

드디어 두 사람은 개인용 컴퓨터를 완성했다.
그런데 컴퓨터 이름을 뭐라고 지어야 할지 고민스러웠다.
"상품을 팔기 위해서는 이름이 중요한데 말이야."
워즈니악의 말에 스티브 잡스가 대답했다.
"내가 예전부터 생각해 두었는데 이 컴퓨터 이름, '애플'이 어때?"

1975년, 세계 최초의 개인용 컴퓨터 '알테어8800'이 세상에 나왔다. 알테어8800은 키보드도 없고, 모니터도 없이 본체뿐이었다. 하지만, 많은 사람들을 깜짝 놀라게 하기에 충분했다. 그동안 나온 컴퓨터보다 훨씬 작았기 때문이었다.

알테어8800은 잡지에까지 실리며 돌풍을 일으켰다. 스티브 잡스가 스물한 살이 되는 해였다. 스티브 잡스는 워즈니악에게 잡지를 보여주며 말했다.

"워즈니악, 이 잡지를 봐. 알테어8800이 표지에 실렸어."

"와, 정말 놀라워. 이렇게 작게 만들다니."

스티브 잡스는 자신감 넘치는 얼굴로 워즈니악을 바라보았다.

"워즈니악, 내가 볼 땐 머지않아 집집마다 개인용 컴퓨터를 두고 사용하는 날이 올지 몰라."

"정말 그럴까?"

스티브 잡스와 워즈니악은 함께 홈브루 클럽이라는 모임에 갔다. 홈브루 클럽은 컴퓨터에 관심이 많은 사람들의 모임이었다. 이 모임에 나오는 사람들은 컴퓨터를 정부와 대기업과 대학교뿐만 아니라 개인도 쓸 수 있어야 한다는 생각을 가지고 있었다.

스티브 잡스는 모임에서 컴퓨터에 대한 정보를 얻고, 기술이나 부품에 대한 이야기도 많이 나누곤 했다. 그날 홈브루 클럽에서는 알테어8800 때문에 모두들 야단이었다.

워즈니악이 갑자기 스티브 잡스를 툭 치며 낮은 목소리로 말했다.

"스티브, 저기 봐. 빌 게이츠와 폴 앨런도 왔어."

"빌 게이츠에 대한 소문은 나도 많이 들었어. 집이 대단한 부자라며? 게다가 머리도 좋아서 천재라고 소문났던데."

빌 게이츠와 폴 앨런은 둘 다 컴퓨터의 천재로 알려져 있었다. 워즈니악이 스티브 잡스에게 소곤거렸다.

"그럼 혹시 그 소문도 들었어? 저 둘이서 알테어8800에 맞는 프로그램을 만들고 있대."

스티브 잡스는 그 자리에서 한참 동안 생각하더니 이야기를 꺼냈다.
"우리도 이대로 있을 게 아니라, 예전부터 계획했던 우리만의 컴퓨터를 직접 만드는 게 어때?"
"그렇지 않아도 요즘 만들고 있는 컴퓨터 설계도를 가져왔는데 한번 봐 줄래?"

워즈니악은 가방에서 설계도를 꺼냈다. 스티브 잡스는 그 자리에서 워즈니악의 설계도를 찬찬히 훑어보았다. 워즈니악이 설계한 컴퓨터는 계산에만 치중하던 개인용 컴퓨터의 단점을 보완한 것이었다.

스티브 잡스는 워즈니악이 가져온 설계도를 보고 감탄했다.

"정말 굉장해, 워즈니악. 벌써 완성한 거야?"

"아직은 아니야. 조금 더 손을 봐야 해."

"너는 역시 컴퓨터 천재야. *메인 보드와 데이터를 저장할 수 있는 *메모리까지 따로 있잖아! 이건 알테어8800을 능가하는 컴퓨터가 될 것 같아."

스티브 잡스는 들뜬 표정을 감추지 못했다.

"뭐, 그 정도까지 될까?"

"아니야, 분명히 엄청난 인기를 끌 거야."

"인기를 끌 거라고?"

워즈니악은 놀란 목소리로 되물었다.

"알테어8800은 굉장히 복잡한 컴퓨터야. 하지만 네가 설계한 이 컴퓨터는 달라. 쓸데없는 부품이 전혀 없잖아. 알테어8800보다 작으면서 성능은 오히려 뛰어날 것 같아."

스티브 잡스는 컴퓨터를 보는 눈이 뛰어났다. 또한 열정적으로 일을 밀어붙이는 추진력이 대단했다. 스티브 잡스는 워즈니악이 가져온 설계도를 보자 의욕이 솟아났다.

"워즈니악, 어때? 이거 당장 만들어 보자. 그리고 잘 팔리면 회사도 차릴 수 있을 거 같아."

---

* **메인 보드** | 컴퓨터의 주요 부품을 사용할 수 있도록 만든 장치.
* **메모리** | 컴퓨터의 기억 장치.

"회사라고? 컴퓨터를 팔 수는 있겠지만, 정말 회사를 차릴 수 있을까? 미리 김칫국부터 마시는 거 아니야?"

워즈니악은 믿을 수 없다는 표정을 지었다.

"그렇지 않아. 우리도 충분히 할 수 있어."

그때 회원 한 사람이 두 사람의 대화 중에 불쑥 끼어들었다. 테스호라는 겉멋이 잔뜩 든 대학생이었다.

"무슨 설계도인데 그렇게 심각해?"

스티브 잡스는 어쩔 수 없이 워즈니악이 가져온 설계도에 대한 이야기를 했다.

"이건 워즈니악이 만들고 있는 개인용 컴퓨터의 설계도야."

"개인용 컴퓨터를 만들겠다고?"

테스호는 한참 동안 설계도를 바라보더니 툭 던지듯 말했다.

"싸구려 칩을 썼잖아."

"값만 쌀 뿐이지, 성능은 아주 뛰어난 칩이야. 그리고 여기에는 데이터를 저장하는 메모리와 전체를 통합하는 칩을 따로 넣을 거야. 그러니까 알테어8800보다 성능은 훨씬 좋을걸?"

스티브 잡스의 설명에 테스호가 비아냥거리기 시작했다.

"꿈도 야무지군. 만일 그게 가능하다면 왜 지금까지 큰 회사에서 만들지 않았을까? 내가 보기에는 말이야, 너희들 아무래도 시간만 낭비할 거 같다."

스티브 잡스와 워즈니악은 몹시 기분이 상했다.

"워즈니악, 저런 녀석의 말은 신경 쓰지 마. 네 컴퓨터 실력은 세계 최고야. 앞으로 우리가 얼마든지 해낼 수 있다는 걸 보여 주자."

"그래. 신경 쓰지 않을게. 너는 역시 자신감이 넘치는구나."

그때부터 스티브 잡스와 워즈니악은 적당한 작업실을 찾기 위해 고민했다. 워즈니악이 쓰던 지하실 주인이 그만 나가라고 했기 때문이었다.

결국 두 사람은 스티브 잡스네 집에 있는 작은 차고를 작업실로 쓰기로 했다. 스티브 잡스는 아버지를 설득해 허락을 받았다.

"아버지, 고맙습니다. 반드시 보란 듯이 성공할게요."

"젊은 너희가 애써 보겠다는데, 도와줘야지. 그런데 작업실이 이렇게 낡아서 어쩌지? 스티브, 형편이 좋지 않아 늘 미안하구나."

"무슨 말씀이세요? 제 편이 되어 주시는 것만으로 얼마나 든든한데요."

스티브 잡스는 아버지를 바라보며 절대 실망시키지 않기로 마음먹었다.

그때부터 스티브 잡스와 워즈니악은 며칠 밤을 새면서 차고에서 작업을 했다. *프로세서를 다루는 데 천재적인 워즈니악이 대부분을 만들고, 스티브 잡스가 도왔다. 그렇게 두 사람은 힘을 합쳐 메인 보드를 완성했다.

"스티브, 이걸 들고 당장 홈브루 클럽에 가져가 볼까?"

완성된 제품을 보자, 워즈니악은 마음이 조급해졌다. 그러나 스티브 잡스는 앞을 내다보는 안목이 뛰어났다. 차분하게 마음을 가라앉히고 말했다.

"아직은 안 돼. 우선 네가 일하는 '휴렛팩커드'에 가져가는 게 좋을 거 같아."

"거기는 왜?"

"이건 정말 새로운 컴퓨터야. 우선 큰 회사에서 상품성을 인정받는 게 중요해. '휴렛팩커드'쯤 되는 회사 말이야. 이 컴퓨터는 충분히 그럴 만한 가치가 있어. 마침 네가 일하는 회사니까 네 능력도 인정

---

* **프로세서** | 명령어를 해석하고 실행하는 컴퓨터의 한 부분.

받을 수 있는 기회잖아."

"그렇다면 나도 좋지. 그런데 과연 인정해 줄까?"

워즈니악이 고개를 갸우뚱하며 물었다.

"너도 이 컴퓨터가 많은 사람들에게 쓰이길 바라잖아. 컴퓨터가 잘 팔릴수록 너는 회사에서 유명해지고 인정받게 될 거야."

스티브 잡스는 워즈니악을 위해서 마음을 썼다.

다음 날 스티브 잡스와 워즈니악은 '휴렛팩커드'를 찾아갔다. 그리고 '휴렛팩커드'의 회장에게 새로운 컴퓨터에 대해서 자세하게 설명했다. '휴렛팩커드'의 회장은 작은 가방에 든 컴퓨터를 보고 놀라움을 감추지 못했다.

"정말 자네들이 만들었는가?"

"네. 알테어8800보다 뛰어난 성능을 지녔다고 자신할 수 있습니다. 하지만 키보드와 모니터는 돈이 모자라서 아직 만들지 못했습니다."

"일단 회의를 하고, 연락을 하겠네."

며칠 뒤 '휴렛팩커드'에서 전화가 왔다. 스티브 잡스는 기대를 잔뜩 하고 전화를 받았다. 그러나 결과는 좋지 못했다. 두 사람이 만든 컴퓨터는 잘 팔릴 것 같지 않다는 이야기였다. 또 품질과 성능이 떨어진다며 직원들이 심하게 반대한다고도 했다.

워즈니악은 매우 화가 났다.

"스티브, 우리가 만든 컴퓨터를 제대로 살펴보지 않은 게 틀림없어. 멍청한 회사 사람들이 대충 넘어갔을 수도 있어."

"워즈니악, 이왕 이렇게 된 거 우리가 직접 만들어 파는 건 어떨까? 이건 기회일지도 몰라."

스티브 잡스가 진지한 표정으로 물었다.

"우리가 만들어 판다고? 그런데 우리는 돈이 없잖아. 돈이 있어야 컴퓨터를 만들 거 아니야?"

"없으면 구해야지. 나는 내가 타고 다니는 자동차를 팔겠어. 아쉽지만 지금은 다른 방법이 없어."

스티브 잡스의 말에 워즈니악도 가만히 있을 수 없었다.

"스티브, 네가 그렇게 생각한다면 나도 계산기를 팔겠어."

"그건 네가 정말 아끼는 물건이잖아. 최신형이라 만지지도 못하게 했잖아."

스티브 잡스와 워즈니악은 저마다 보물처럼 소중히 여기던 자동차와 계산기를 팔아서 필요한 돈을 마련했다.

스티브 잡스는 워즈니악에게 개인용 컴퓨터를 만들기 위해서는 조직적으로 일해야 한다고 설득했다.

마침 회사에 불만이 많았던 워즈니악은 곧바로 '휴렛팩커드'를 그만두었다. 두 사람은 새로운 컴퓨터를 위해 자신들의 미래를 투자하기로 마음먹었다.

두 사람은 매일같이 차고에서 일했다. 하루는 워즈니악이 일을 하다 말고 뜬금없이 말했다.

"스티브, 정말 고마워. 요즘 나는 네 덕분에 이 작은 차고에서 행복을 느끼고 있어."

"워즈니악, 그건 나도 마찬가지야. 우리들 손으로 미래의 컴퓨터를 만들고 있다니 꼭 꿈만 같아. 너처럼 훌륭한 친구를 만난 건 정말 행운이야."

드디어 두 사람은 개인용 컴퓨터를 완성했다. 그런데 컴퓨터 이름을 뭐라고 지어야 할지 고민스러웠다.

"상품을 팔기 위해서는 이름이 중요한데 말이야."

워즈니악의 말에 스티브 잡스가 대답했다.

"내가 예전부터 생각해 두었는데 이 컴퓨터 이름, '애플'이 어때?"

"애플?"

"우리가 자란 이곳은 원래 사과로 유명하고, 또 사과는 영양가도 많잖아. 그러니까 우리가 만든 컴퓨터로 많은 사람들에게 이로움을 주자 이거지."

스티브 잡스는 눈을 반짝이며 말했다.

"정말 좋은 생각인데. 컴퓨터 만드는 일만 하는 줄 알았더니, 언제 그런 생각을 한 거야? 스티브, 역시 너는 한 발 앞서 간다니까. 좋아, 이건 우리가 만든 첫 번째 컴퓨터니까 이제부터 이 컴퓨터를 '애플1'이라고 부르자."

스티브 잡스와 워즈니악이 만든 '애플1'은 컴퓨터를 쓰는 사람이 직접 상자를 마련하여 넣어야 했다. 또 텔레비전과 바로 연결할 수도 있었다.

스티브 잡스는 '애플1'을 컴퓨터를 좋아하는 사람들에게 먼저 팔기로 마음먹었다.

"워즈니악, 곰곰이 생각해 봤는데 말이야. 우리 '애플1'을 먼저 홈브루 클럽에 가져가 보자."

"지난번에는 큰 회사에 먼저 가 보자고 했잖아. 홈브루 클럽에서는 여러 사람들이 이런저런 말들을 할 텐데 괜찮겠어?"

"그때는 준비가 다 되기도 전에 내 생각이 너무 앞섰던 것 같아. 먼저 차분하게 사람들 반응을 살펴보고, 경쟁을 시작하는 게 좋겠다는 생각이 들었어. 무엇보다 테스호가 보는 앞에서 코를 납작하게 눌러 주고 싶기도 하고."

"하하하, 나한테 신경 쓰지 말라더니 그때 일을 아직도 잊지 않고 있었어?"

"물론이지. 반드시 성공하는 모습을 보여 줄 거야."

스티브 잡스는 실패를 겪고 나서 한결 어른스러워졌다.

앞만 보고 밀어붙이던 급한 성격이 빈틈없이 준비하는 꼼꼼한 성격으로 바뀌었다.

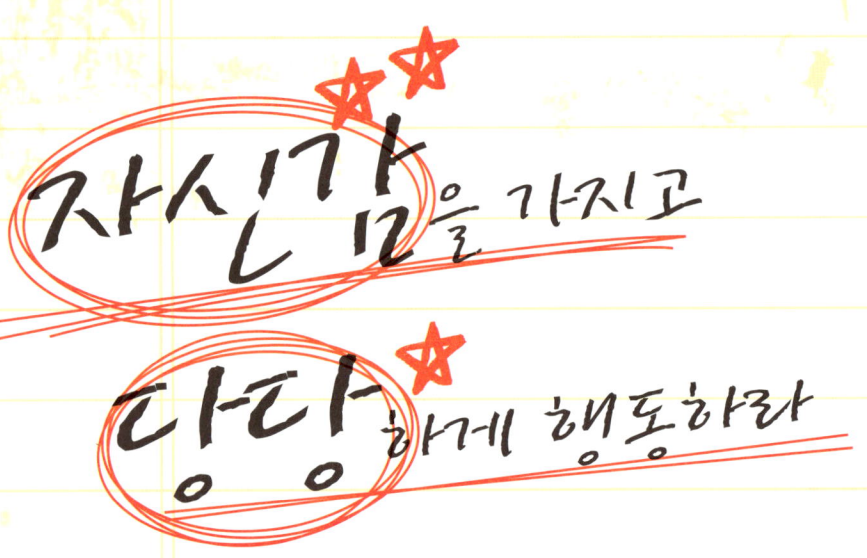

자신감을 가지고
당당하게 행동하라

다른 사람에게 어떤 부탁을 했는데 거절당하면 속이 많이 상해요. 또 다음번에는 말을 걸기조차 힘들기도 하지요. 그렇다고 해서 소극적으로 행동하면 자신만 손해예요. 거절당하고, 외면당하더라도 자신을 믿는 사람은 꿋꿋하게 버틸 수 있어요. 자기 자신을 믿는 사람은 다른 사람의 말이나 행동에 쉽게 흔들리지 않지요.

스티브 잡스와 워즈니악은 자신들의 힘으로 개인용 컴퓨터를 만들었어요. 하지만 주변 사람들이 보인 반응은 신통치 않았어요. 설계도를 보고 비웃는 친구들도 있었어요. 또 '휴렛팩커드'에 완성품을 보여 주었지만, 좋은 결과를 얻지 못했어요. 하지만 스티브 잡스는 크게 신경 쓰지 않았어요. 물론 개인용 컴퓨터 만들기를 포기하지도 않았지요. 만약 인정받지 못했다고 실망하고 포기했다면, '애플1'은 세상에 나오지 못했을 거예요.

자신감이 있는 사람은 다른 사람들의 말이나 행동보다 자기 자신을 믿지요. 또 처한 환경에 불평하지 않지요. 스티브 잡스는 워즈니악과 함께 허름한 차고에서 작업을 했어요. 하지만 두 사람은 그 사실을 부끄러워하지 않았어요. 이처럼 자신감은 많은 것을 극복하게 해 주어요. 그래서 꿈을 향해 당당하게 앞으로 나아갈 수 있지요.

6 끊임없이 도전하다

스티브 잡스와 워즈니악은 컴퓨터를 만드는 것에서
판매와 고객 관리까지 낡은 차고에서 모두 직접 했다.
그렇지만 두 사람은 전혀 고생이라고 생각하지 않았다.
자신들이 인정받고 있다는 생각에 오히려 힘이 났다.

　　　　　드디어 스티브 잡스와 워즈니악이 만든 개인용 컴퓨터 '애플1'을 홈브루 클럽에 선보이는 날이 되었다. 사람들은 '애플1'을 보자마자, 깜짝 놀라 입을 다물지 못했다.

"이럴 수가, 알테어8800보다도 크기가 작아."

"저걸 두 사람이 만들었다니 정말 대단해."

스티브 잡스는 가볍고 성능이 좋은 개인용 컴퓨터 '애플1'을 알리기 위해 애를 썼다. 사람들 앞에서 아주 자세하게 '애플1'에 대한 설명을 했다.

그 결과 하루에 스무 대가 넘는 주문이 들어왔다. '애플1'은 컴퓨터를 쓰는 사람이 컴퓨터에 대해 많이 알아야 한다는 단점이 있었다. 값도 싸지 않았다.

하지만 '애플1'은 컴퓨터에 대해서 잘 아는 사람들과 판매업자들에게 인기가 많았다.

점점 '애플1'을 좋아하는 사람들이 생겨났다. 스티브 잡스와 워즈니악은 컴퓨터를 만드는 것에서 판매와 고객 관리까지 낡은 차고에서 모두 직접 했다. 그렇지만 두 사람은 전혀 고생이라고 생각하지 않았다. 자신들이 인정받고 있다는 생각에 오히려 힘이 났다.

그러던 어느 날, 한 개인용 컴퓨터 회사에서 스티브 잡스를 찾아왔다.

"나는 당신들이 컴퓨터를 만드는 능력을 매우 높이 삽니다. 우리 회사에서 일을 해 주세요. 당신들이 만든 컴퓨터를 우리가 사고 싶어요. 우리 회사 이름으로 판매를 하는 대신 돈은 최고로 드리지요."

사장이 내건 조건은 어디에 내놓아도 빠지지 않을 만큼 좋았다. 하지만 스티브 잡스는 서슴없이 자신의 뜻을 밝혔다.

"감사하지만 우리는 그럴 수 없습니다. 우리들 역시 개인용 컴퓨터 회사를 세우는 게 목표입니다. '애플1'은 우리가 공들여 만든 컴퓨터입니다. 이 컴퓨터를 다른 이름으로 팔 수는 없습니다. 우리 스스로 일어서도록 할 것입니다."

스티브 잡스는 목표가 확실했다. 워즈니악도 같은 생각이었다.

스티브 잡스는 물건을 파는 재주가 뛰어났다. 스티브 잡스가 '애플 1'을 팔러 다니는 동안 워즈니악은 차고에서 두 번째 컴퓨터 개발을 준비하고 있었다.

'애플1'이 성공하자, 스티브 잡스는 새로운 아이디어를 냈다.

"워즈니악, 이번에 만들 새로운 컴퓨터를 위해서는 후원자들을 찾아봐야겠어. 우리가 가진 돈으로는 부품 값을 대기도 빠듯해. 이번에는 정말 제대로 만들어서 팔고 싶어. 아무래도 우리끼리만 일하기에는 무리일 것 같아."

"스티브, 혹시 지난번 제안을 거절한 거 후회하지 않아? 그때 후원을 해 주는 조건이었다면, 우리 마음은 달라졌을 텐데……."

"아니, 절대 후회하지 않아. 우리가 지금까지 애쓴 결과를 하루아침에 돈과 바꿀 수는 없어."

"그런데 누가 우리를 도우려고 할까? 과연 후원자가 생길지 걱정이야."

"반드시 있을 거야. 나는 이제부터 발로 뛰어다닐 테니까, 너는 새로운 컴퓨터를 만드는 것만 생각해. 알았지?"

"네가 직접 다니겠다고? 힘들 텐데 괜찮겠어?"

"응, 즐기면서 할 거야. 걱정 마."

스티브 잡스는 집념이 대단했다. 자신감을 가지고, 후원자를 찾기 시작했다. 그러나 결코 만만한 일이 아니었다. 스티브 잡스는 한때 일을 했던 '아타리'를 찾아갔다.

'아타리'의 부시넬 회장은 스티브 잡스의 설명을 듣고 단번에 거절했다.

"스티브, 미안하네. 개인용 컴퓨터를 만드는 건 훌륭한 일이라고 생각하네. 하지만 그 일에 사업 자금을 지원하는 건 무리야."

"'애플1'은 충분히 상품 가치가 있지 않습니까? 저를 믿어 주시고, 저희를 도와주세요. 예전에 제가 회장님께 큰 이익을 가져다 드리지 않았습니까?"

"자네들의 능력은 충분히 알지만, 우리 회사도 요즘 힘들다네. 그리고 지금처럼 대형 컴퓨터가 모든 것을 처리하는 시대에 개인용 컴퓨터는 잘 팔리지 않아. 사람들이 자네들의 열정을 높이 평가하더군. '애플1'이 꽤 팔린 것도 알고 있네. 하지만 그건 호기심 때문이지 제품이 우수해서가 아니라는 말들이 있어."

스티브 잡스는 순간 주먹을 꾹 쥐었다. 자존심이 상했지만, 참을 수밖에 없었다.

 스티브 잡스는 다음 날에는 '인텔'을 찾아갔다. 그러나 결과는 마찬가지였다.
 "자네같이 컴퓨터를 들고 찾아오는 사람들이 하루에도 수십 명이야. 우리 회사에 있는 우수한 기술자들이 만든 컴퓨터도 많아서 고민일세. 앞으로 발걸음도 하지 말게."
 스티브 잡스는 잔뜩 실망한 채, 아무런 소득도 없이 '인텔'에서 나와야 했다.

'큰 회사를 운영하는 사람들이 너무하군. 마음에 들지 않는다고 말을 함부로 내뱉다니. 나중에 내가 사장이 되면 나는 상대방을 배려해서 말할 거야. 두고 보라고. 보란 듯이 성공해서 후회하도록 만들겠어.'

스티브 잡스는 절대 포기하지 않았다. 그때 멀리서 걸어오는 사람이 눈에 띄었다. 스티브 잡스는 얼른 달려가 용기를 내어 말을 걸었다.

"혹시, 매키너 씨 아니십니까?"

"그런데요? 저를 아시나요?"

그 사람은 놀란 표정으로 스티브 잡스를 바라보았다.

"저는 '애플1'을 만든 스티브 잡스라고 합니다."

"사업에 관한 이야기라면 다른 데 가서 알아보세요. 바빠서 이만……."

스티브 잡스는 매키너를 더 이상 잡을 수가 없었다. 스티브 잡스는 오기가 생겼다.

"저 사람을 반드시 잡고 말 거야."

매키너는 '인텔'의 *대변인이자, *홍보의 일인자로 텔레비전과 잡

---

* **대변인** | 단체 등의 의견, 태도를 대신하여 발표하는 일을 맡은 사람.
* **홍보** | 널리 알림, 또는 그 소식이나 보도.

지에서 자주 볼 수 있는 사람이었다.

다음 날부터 스티브 잡스는 매키너를 만나기 위해 날마다 '인텔'에 찾아갔다. 회사 앞에서 오랜 시간 매키너를 기다리면서도 지친 표정을 짓지 않았다. 어쩌다 얼굴이라도 볼 날이 있으면, 늘 웃는 얼굴로 다가갔다. 하지만 매키너는 아는 척도 하지 않았다.

며칠 동안 '인텔' 앞에서 기다리기만 하던 스티브 잡스는 곰곰이 생각했다.

'안 되겠어. 이제는 집 앞에서 기다려 봐야지.'

스티브 잡스는 방법을 바꿔, 매키너의 집 앞에서 하루 종일 기다렸다. 결국 매키너는 어쩔 수 없이 스티브 잡스를 만나기로 했다.

"끈기와 집념이 정말 대단하군. 어디 이유나 한번 들어 봅시다."

스티브 잡스는 재빨리 대답했다.

"저희가 새로 개발하는 개인용 컴퓨터는 충분한 가능성을 가지고 있습니다. 저희들은 개발을 도와줄 후원자를 찾고 있습니다."

스티브 잡스는 그동안 기다렸던 이유를 더욱 자세하게 설명했다. 스티브 잡스의 열정에 매키너는 끝내 마음이 움직였다.

"좋소! 나도 이쪽 분야에 관심이 많으니 한번 해 봅시다. 이런 열정이라면 믿어 볼 만할 것 같군. 먼저 작업 중인 친구를 만나 보고 싶

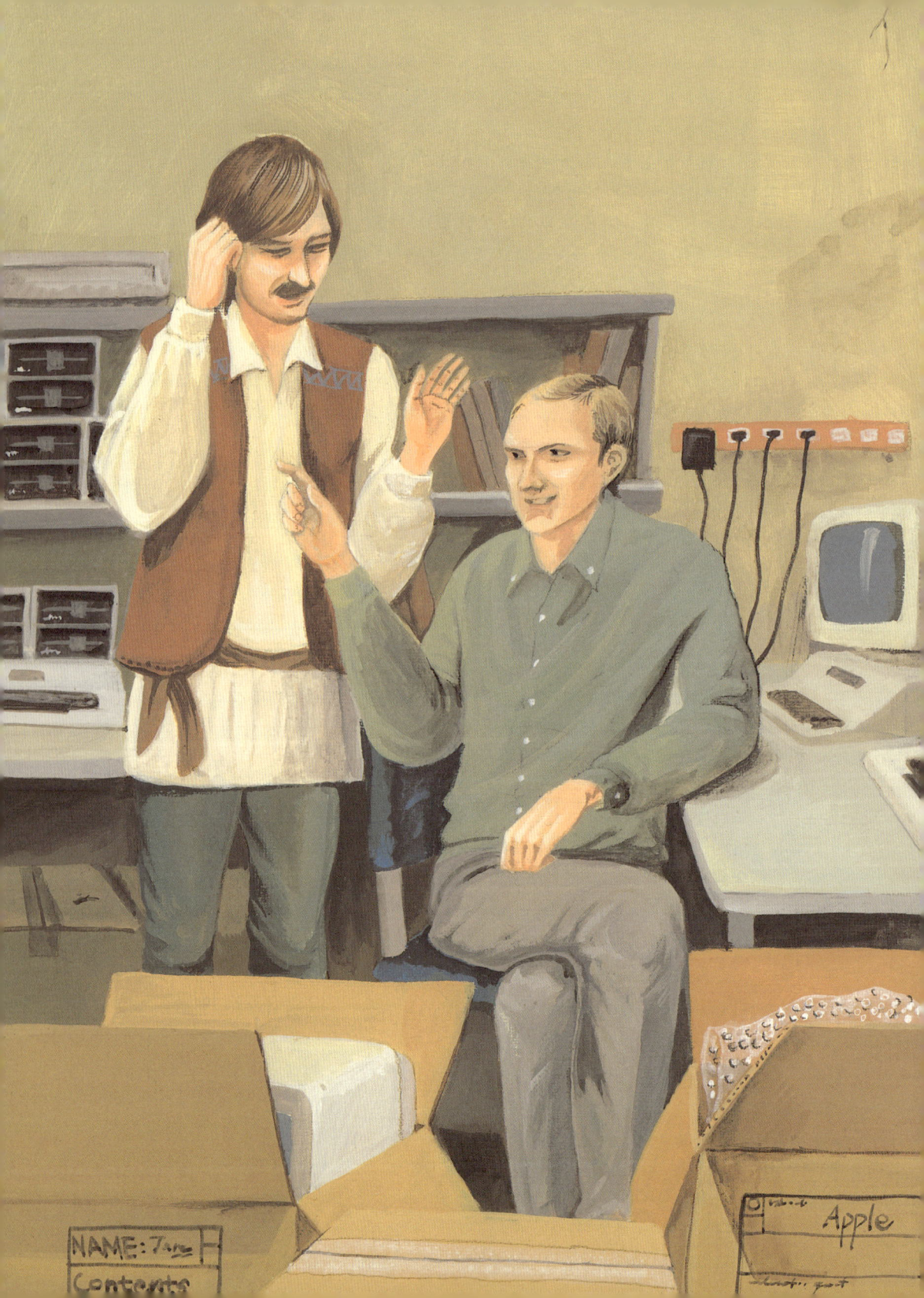

군요. 무엇보다 작업실이 궁금하네요."

다음 날 스티브 잡스는 워즈니악에게 매키너를 소개해 주었다.

"나는 '애플1'을 만든 사람이 나이가 많을 줄 알았는데, 생각보다 젊은 사람이군요. 지금 하는 작업은 잘되고 있나요?"

워즈니악은 매키너의 물음에 한창 만들고 있는 '애플2'를 보여 주었다. 컬러 모니터가 달린 컴퓨터로 '애플1'보다 성능이 뛰어날 것이라고 말했다.

"오, 이거 기대 이상인걸요. 벌써 컬러 모니터를 만들어 내다니 대단해요."

그런데 매키너는 차고로 만든 작업실 구석구석을 살피며 인상을 썼다. 작업실은 퀴퀴한 냄새에 여기저기에서 나오는 벌레들까지, 말이 아니었기 때문이었다.

"회사를 차리고 싶다면, 당장 여기부터 벗어나야겠군요. 이렇게 허름한 곳에서 그동안 일을 했다니 정말 놀라워요."

스티브 잡스가 활짝 웃으며 대답했다.

"이곳은 저와 워즈니악이 꿈을 만들어 간 곳이에요. 이 차고에서 누린 행복은 무엇과도 바꿀 수가 없는걸요. 하지만 이제는 이곳을 벗어나 더 나은 환경에서 작업해야 한다는 걸 느껴요. 우리를 지원해 줄 투자자만 생긴다면요."

"투자자라면 마침 마땅한 사람이 있어요. 돈 벨런타린이라고 하는 사람인데 금융 회사를 경영하면서 전문 투자자로도 활동하고 있어요. 이 정도 패기라면 잘될 거예요. 나 역시 당신들을 돕고 싶으니까요. 단, 그 전에 한 가지 조건이 있어요."

"조건이라고요?"

"당신이 투자자를 구해 오면, 그때부터 내가 회사 경영을 돕기로 하지요."

"정말이요? 고맙습니다. 꼭 투자자를 구하겠어요."

스티브 잡스는 서둘러 벨런타린을 찾아갔다. 벨런타린은 매키너의 부탁을 받고 스티브 잡스를 기다리고 있었다. 그러나 스티브 잡스의 격식을 갖추지 않은 허술한 옷차림을 보고 크게 실망했다.

'매키너가 소개하기에 아주 대단한 사람인 줄 알았더니 망나니를 보냈군. 나를 뭘로 보고……'

스티브 잡스는 '애플'에 대한 설명을 하기 시작했다. 그러나 벨런타린은 스티브 잡스의 말을 끝까지 들을 생각도 하지 않았다.

"결론부터 말하면 나는 자네들이 만든 컴퓨터에 관심이 없네."

"무슨 말씀이세요? 다시 한번 잘 생각해 주세요."

"자네 모습이나 보고 그런 소리를 하게."

스티브 잡스는 무척 황당하고 자존심이 상했다. 그 자리를 박차고 나가고 싶었지만 꾹 참았다.

"제발 설명이라도 끝까지 들어 주십시오. 그럼 마음이 달라지실 겁니다."

벨런타린은 명함 한 장을 내밀며 내쫓듯이 말했다.

"그렇게 투자자를 찾고 싶다면, 이 사람을 찾아가서 내 소개로 왔다고 해 보게. 그리고 여기에서 당장 나가 주게."

명함에는 마쿨라라는 이름이 적혀 있었다.

스티브 잡스가 나간 뒤에도 벨런타린은 화가 가라앉지 않았다.

'매키너! 어디 두고 보자. 저런 놈은 망신을 톡톡히 당해 봐야 해.'

벨런타린은 곧바로 매키너에게 전화를 걸어 큰 소리로 화를 잔뜩 냈다.

"자네 날 그렇게 우습게 보았나? 언론 홍보의 일인자라는 사람이 그런 망나니 같은 사람을 보내도 되는 건가? 자네에게 정말 실망이네."

"그건 오해입니다. 제 설명을 들어 보세요."

하지만 벨런타린은 매키너가 하는 말은 듣지도 않고, 전화를 끊어 버렸다. 매키너는 피식 웃음이 나왔다.

"허허, 스티브 잡스의 옷차림을 보면 화를 낼 만도 하지. 그러나 벨런타린 사장은 겉모습만 보고 큰 상대를 하나 놓쳤는걸."

한편 스티브 잡스는 벨런타린에게 쫓겨나, 힘없이 거리를 걸었다. 고개를 푹 숙이고, 주머니에 손을 넣은 채 생각했다.

'역시 세상에 쉬운 일은 하나도 없군. 고생을 각오하기는 했지만, 이렇게 계속 무시당할 줄이야.'

스티브 잡스는 하늘을 올려다보았다. 파란 하늘을 보고 크게 숨을 내쉬며 굳게 마음먹었다.

'휴, 하늘 한번 맑은걸. 나를 믿어 주는 부모님, 열심히 일하고 있는 워즈니악을 생각해서라도 여기서 주저앉을 수는 없어. 반드시 투자자를 구해서 매키너를 붙잡을 거야.'

시크릿 포인트 6

Secret Point

고생도 즐겨 보아라

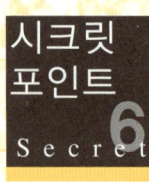

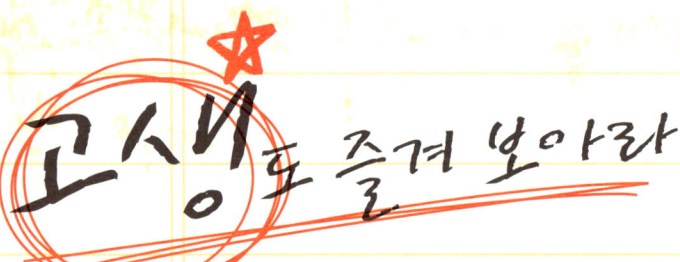

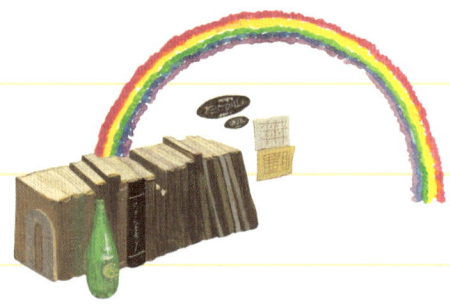

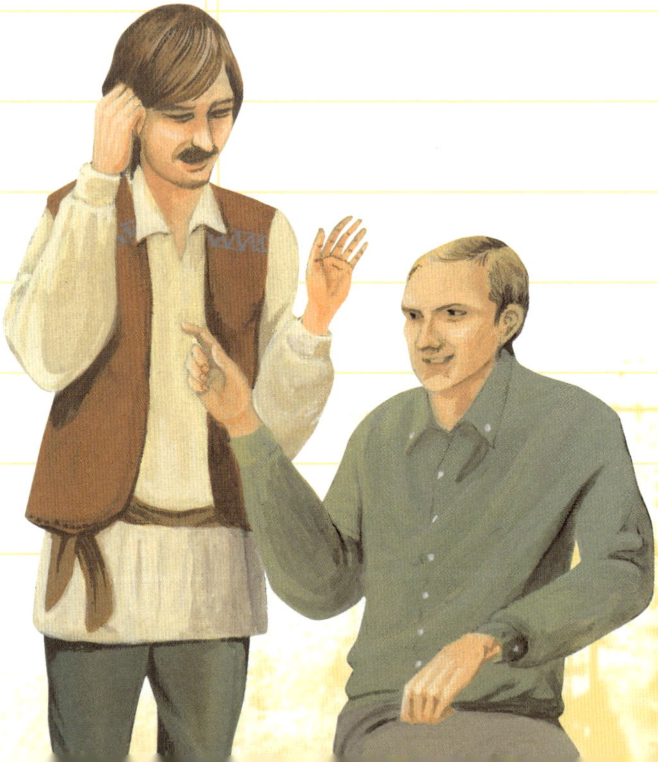

마음먹은 대로 일이 착착 이루어지면 얼마나 좋을까요? 그러면 실망하지도 않고, 고민거리도 없을 거예요. 그런데 원하는 대로 쉽게 이루어지는 일은 아주 적어요. 그래서 크든 작든 어렵고 고된 일을 겪게 마련이지요. 이런 고생은 누구에게나 찾아오지만, 고생을 대하는 태도는 사람에 따라 달라요. 작은 고생을 힘들게 여기는가 하면, 큰 고생을 가뿐하게 여기기도 해요.

스티브 잡스에게도 힘든 날이 찾아왔어요. 컴퓨터를 만드는 데 돈이 부족했기 때문이에요. 스티브 잡스는 무턱대고 투자자들을 찾아다니고, 숱한 거절을 당했어요. 스티브 잡스는 힘든 가운데에도 연구를 돕겠다고 나서는 회사의 제안을 거절했어요. 자신의 힘으로 회사를 차리겠다는 꿈을 포기할 수 없었지요. 고생이 눈앞에 훤히 보이는 데도 말이에요.

스티브 잡스가 투자자를 찾아다니는 것은 결코 쉬운 일이 아니었어요. 하지만 꿋꿋하게 참고, 끈질기게 노력했지요. 고생이 찾아왔을 때, 자신의 꿈을 잊지 않으면 고생이 힘들게 느껴지지 않아요. 오히려 열정과 패기로 똘똘 뭉친 강한 사람으로 거듭나지요.

누구에게나 크고 작은 고생이 찾아와요. 하지만 고생은 마음먹은 일을 이루기 위한 과정 가운데 하나일 뿐이에요. 그렇게 생각하면 고생도 가뿐하게 즐길 수 있지요.

7 꿈의 컴퓨터 '애플2'

"스티브, 믿어지지 않아. '애플2'가 갈수록 사랑받고 있어."
워즈니악이 흥분하며 말하자, 스티브 잡스는 침착하게 대답했다.
"이건 시작일 뿐이야. 두고 보라고. 나는 더욱 놀라운 컴퓨터를 만들고 말 거야."
스티브 잡스는 워즈니악과 함께 새로운 컴퓨터를 만드는 데 더욱 힘을 쏟았다.

스티브 잡스는 명함에 적힌 주소로 발걸음을 옮겼다. 주저하지 않고, 다시 힘을 냈다. 벨런타인이 준 명함의 주인공 마쿨라는 '인텔'의 *마케팅 담당 이사였다.

스티브 잡스는 마쿨라를 찾아가 벨런타인에게 소개를 받고 찾아왔다고 했다. 그러자 마쿨라는 고개를 갸우뚱거렸다.

"벨런타인이 소개했다고? 이상하군. 그런데 무슨 일로 날 찾아왔는가? 어디 이야기나 들어 보지."

스티브 잡스는 곧바로 준비해 온 자료들을 펼치고 찾아온 이유를

---

* **마케팅** | 회사의 제품이 잘 팔리도록 시장 조사, 선전, 판매 촉진 등을 기획하는 일.

설명했다. 마쿨라는 단번에 스티브 잡스가 지닌 가능성을 알아보았다. 그리고 갑자기 큰 소리로 웃기 시작했다.

"하하하, 이렇게 유능한 젊은이를 알아보지 못하고, 벨런타린이 자네를 쫓아낸 게 맞지?"

스티브 잡스는 대답을 머뭇거렸다.

"자네가 말하지 않아도 알 수 있네. 벨런타린은 나중에 오늘 일을 후회하게 될 거야. 이거 나에게 아주 중요한 고객을 보냈는걸."

"정말 감사합니다."

스티브 잡스는 그제서야 마음이 놓였다.

"나 역시 예전부터 개인용 컴퓨터에 관심이 많았네. 이건 혹시나 해서 물어보는 거네. 만약 자네들에게 투자를 한다면 나에게 *주식의 삼분의 일을 주어도 괜찮겠나?"

마쿨라의 물음에 스티브 잡스는 곧바로 대답했다.

"물론입니다."

"대체 뭘 믿고 바로 그렇게 하겠다고 대답하는가?"

"그렇다면 마쿨라 씨는 저희 같은 젊은 사람에게 뭘 믿고 투자를 하

---

* **주식** | 사업의 기본이 되는 돈인 자본을 구성하는 단위.

십니까? 지금까지 저희 사업에 어느 누구도 관심을 가지고 귀를 기울여 주는 사람이 없었습니다. 하지만 마쿨라 씨는 저희의 가능성을 보고 투자하실 생각 아니십니까? 저희 역시 마쿨라 씨의 능력을 믿고 있습니다. 그렇기에 주식의 삼분의 일을 드려도 괜찮다고 생각합니다."

"아주 당차고 패기가 있는 젊은이군. 좋아, 내가 자네 회사에 투자를 하겠네."

마쿨라는 '애플' 주식의 삼분의 일을 받기로 하고, 투자하기로 결정을 내렸다. 스티브 잡스가 투자자를 구해 오자, 매키너는 약속대로 경영에 참여했다. 그때부터 '애플'은 점점 자리를 잡아 갔다.

마쿨라는 본격적으로 '애플'의 사업 계획을 세우기 시작했다. 그리고 스티브 잡스에게 양복 입는 법과 머리 모양부터 가르쳤다.

스티브 잡스는 이러한 모든 것을 받아들이기로 결심했다.

'지금까지는 너무 내 방식대로만 살았던 것 같아. 이제는 다른 사람들 눈도 생각해야지.'

그다음 해야 할 일은 '애플'의 *로고를 만드는 일이었다. 스티브 잡

---

* **로고** | 어떤 상징을 나타내는 표지나 기호.

스와 워즈니악은 고민에 빠졌다. 워즈니악은 컴퓨터에는 천재였지만, 다른 부분은 아주 서툴렀다. 그래서 스티브 잡스는 몇 날 며칠 고심한 끝에 사과 모양 로고를 만들어 냈다.

워즈니악은 스티브 잡스가 그린 로고를 보고 환하게 웃었다.

"아주 잘 그렸는걸. 컴퓨터 회사와 어울리지 않으면서도 아주 신선해. 역시 자네 아이디어는 독특하군."

사과 모양 로고가 완성되자, 마쿨라는 더더욱 서둘렀다.

"얼른 이 로고를 인쇄해서 매키너 씨에게 홍보를 부탁해야겠어. 이제부터 나는 다른 투자자들을 더 모을 생각이네. 그러니 자네들은 다른 일에는 신경 쓰지 말고 연구에만 전념해 주게."

마쿨라 덕분에 스티브 잡스와 워즈니악은 새로운 컴퓨터 개발에 힘을 쏟을 수 있었다. 마쿨라는 *자본가들로부터 자금을 끌어 모았다. 또 유명한 투자자인 아서 록을 찾아가 거리낌 없이 도움을 청했다.

"새로 시작하는 컴퓨터 회사입니다. 패기가 넘치는 두 젊은이들이 뛰어난 개인용 컴퓨터를 만들기 시작했습니다. 저를 믿고 투자해 보십시오."

록은 단호한 표정을 지으며 물었다.

"개인용 컴퓨터 시장이 요즘 관심을 모으고 있지만, 과연 성공할 수 있을까요?"

"그럼 며칠 뒤에 열리는 컴퓨터 *박람회에 오셔서 '애플'의 컴퓨터를 확인해 보십시오. 그런 다음에 투자를 하셔도 늦지 않으니까요."

며칠 뒤 드디어 컴퓨터 박람회가 열렸다. 이름 있는 큰 회사부터 작은 회사들까지 다 모여 제품 설명회를 열었다. '애플'은 구석에 자리 잡았지만, 스티브 잡스의 열성적인 제품 설명과 새로운 컴퓨터를 보고

---

* **자본가** | 자본금을 빌려 주는 등의 행위로 이윤을 내는 사람.
* **박람회** | 산업 등의 발전을 꾀하며, 여러 물건을 벌여 놓고 사람을 불러 모아 알리는 모임.

사람들이 몰려들었다.

록은 '애플'의 가능성을 알아보고, 마쿨라에게 넌지시 물었다.

"저 젊은이는 누구입니까?"

"저 젊은이가 바로 제가 투자를 부탁 드린 '애플'의 젊은 사장 스티브 잡스입니다."

"정말 놀랐어요. 사람들 때문에 컴퓨터를 자세히 볼 수는 없었지만, 사람을 끌어들이는 능력이 대단하네요. 자신감이 넘치는 젊은이예요. 투자 가치가 충분할 것 같소."

"감사합니다. 후회하지 않으셔도 될 것입니다."

다음 날 '애플'에 록이 투자한다는 기사가 신문에 났다. 그러자 곧이어 투자자들이 줄을 이었다. 그렇게 해서 1977년, '애플'은 낡은 차고에서 벗어나 번듯한 회사 건물을 갖추게 되었다.

스티브 잡스와 워즈니악은 새로운 회사 건물에서 일을 시작했다. 그리고 '애플1'보다 성능이 훨씬 뛰어난 '애플2'를 완성했다. 같은 해 사월에 제 1회 웨스트 코스트 컴퓨터 전시회가 열렸다.

마쿨라는 '애플'을 알리는 전단지를 만들었다. 전단지에는 '애플'을 대표하는 사과 로고가 그려져 있었다.

전시회에서 첫선을 보인 '애플2'는 혁신적인 기능과 디자인으로 좋

은 평가를 받았다. 특히 컬러 모니터가 사람들의 관심을 끌었다.

"모니터가 흑백이 아닌 건 처음 봐. 대단해."

"컬러 화면이 정말 예쁜걸. 역시 '애플'이야."

사람들은 감탄했다. 하지만 큰 컴퓨터 회사들은 '애플2'를 거들떠보지도 않았다. 단지 젊은 사람들이 만든 장난감 정도로 여겼을 뿐이었다. 그러나 컴퓨터를 쓰는 사람들의 평가는 달랐다. '애플2'는 다른

컴퓨터와 비교해 성능이 조금도 뒤떨어지지 않았다. 컬러 모니터를 비롯해서 오히려 더 뛰어난 기능이 많았다.

그 무렵에는 큰 회사들조차도 컬러 모니터를 개발할 능력이 없었다. 하지만 '애플'은 이제 막 시작하는 작은 회사였지만, 남부럽지 않은 기술을 가지고 있었다.

스티브 잡스는 언제나 자기 자신에게 다짐하며 꿈을 향해 더욱 앞서 갔다.

'이제 큰 회사들과 경쟁해서 우뚝 설 거야. 사람들의 *고정관념을 깨도록 해야지. 컴퓨터 하면 '애플'을 떠올리도록 만들고 말 거야.'

'애플2'는 컴퓨터를 잘 모르는 사람이더라도 전원만 켜면 누구나 쉽게 사용할 수 있었다. 예쁜 플라스틱 상자를 가진 '애플2'는 개인용 컴퓨터의 기본이 되었다. 하지만 처음 일 년 동안 '애플2'는 몇 만 대밖에 팔리지 않았다.

직원들은 걱정이 되어 사장인 스티브 잡스에게 물었다.

"생각보다 잘 팔리지 않아서 어쩌죠?"

"걱정하지 말게. 우리는 최선을 다했으니 좋은 결과가 있을 거야. 컴퓨터는 먹을 것처럼 하루아침에 팔리는 것이 아니니 기다려 봅시다."

스티브 잡스는 오히려 직원들을 격려하며 침착하게 기다렸다. 그 결과 1978년 초, 회사를 세운 지 불과 일 년 만에 '애플'은 *손익 분기점을 넘어 이백만 달러나 벌어들였다.

스티브 잡스의 말처럼 점점 개인용 컴퓨터를 사는 사람들이 늘어난

---

* **고정관념** | 행동을 주로 결정하는 틀에 박힌 생각.
* **손익 분기점** | 쓴 돈과 벌어들인 돈이 일치해 이익이 생기는 출발점.

것이었다. '애플2'는 무척 잘 팔렸다. 스티브 잡스와 워즈니악이 컴퓨터를 잘 만들기도 했지만, 매키너의 경영 방식과 마쿨라의 투자 방식도 맞아떨어졌다.

'애플'이 성공을 거두자, 매키너는 경영에서 빠지기로 결심했다.

스티브 잡스는 매키너가 물러나겠다고 하자 깜짝 놀랐다.

"왜 갑자기 그만두고, 경영을 제게 맡기려는 겁니까? 제가 뭐 잘못한 거라도 있나요?"

"아닐세, 절대 아니야. 이제 나이가 들어 물러서는 게 좋을 거 같네. 나는 처음부터 '애플'이 웬만큼 자리를 잡으면 물러날 생각이었네. 자네를 만나고, '인텔'을 그만둘 때도 그런 마음이었네. 젊은 자네의 도전 정신에 감동해 도와주고 싶었지. 이제는 회장인 자네가 직접 경영을 하는 게 좋을 거 같네. 그래야 자네도 발전할 수 있을 거야. 자네는 아주 뛰어난 사람일세. 반드시 성공할 거라고 믿네."

스티브 잡스는 더 이상 말리지 않았다. 대신 고마움을 담아 매키너에게 퇴직금을 두둑이 챙겨 주었다. 스티브 잡스는 매키너를 알게 된 것이 워즈니악을 만난 것만큼 큰 행운이라고 생각했다.

'애플'은 계속해서 큰돈을 벌어들였고, 그야말로 무서운 속도로 커졌다. 미국은 물론 유럽까지 개인용 컴퓨터를 팔기에 이르렀다.

또 '애플'의 로고는 마치 유행처럼 번져서 티셔츠나 자동차 스티커 같은 상품으로도 큰 성공을 거두었다. 직원 수가 서른 명밖에 되지 않는 작은 기업이 기적을 이루어 낸 것이었다.

"스티브, 믿어지지 않아. '애플2'가 갈수록 사랑받고 있어."

워즈니악이 흥분하며 말하자, 스티브 잡스는 침착하게 대답했다.

"이건 시작일 뿐이야. 두고 보라고. 나는 더욱 놀라운 컴퓨터를 만들고 말 거야."

스티브 잡스는 워즈니악과 함께 새로운 컴퓨터를 만드는 데 더욱 힘을 쏟았다. 마쿨라는 계속해서 투자자를 끌어와 '애플'을 키웠다.

어느새 '애플'의 직원 수는 삼천 명을 넘어섰다. 스티브 잡스는 본격적으로 경영을 맡고, 사장으로서 직원들에게도 소홀히 하지 않았다. 작은 것도 하나하나 신경 쓰며 꼼꼼하게 일을 했다.

'애플'은 미국 최고의 컴퓨터 회사로 자리를 잡았다.

"여러분들이 애를 써 주신 덕분에 이만큼 성공할 수 있었습니다. 이번 달에 여러분 모두에게 특별 상여금을 드리겠습니다. 앞으로도 잘해 봅시다."

직원들은 환호성을 질렀다.

스티브 잡스는 직원들에게 당부했다.

"우리는 큰 회사들과는 다른 방식으로 일을 해야 합니다. 반드시 당일 서비스를 원칙으로 합니다. 고객들이 일 초라도 불편함을 느끼지 않도록 노력해야 합니다. 그리고 이제부터 모든 지역에 *서비스 센터를 설치할 것입니다."

직원들 또한 스티브 잡스와 같은 생각으로 잘 따라 주었다.

스티브 잡스는 잡지 광고를 해야겠다고 생각했다. '애플'은 일반 소비자들을 상대로 개인용 컴퓨터를 잡지에 광고한 최초의 컴퓨터 회사가 되었다.

스티브 잡스는 경제 전문지 〈포브스〉가 뽑은 세계 사백 대 *거물에 가장 어린 나이로 당당히 이름을 올렸다.

다음 해인 1979년에 '애플2'는 세 배나 더 많이 팔렸다. 또 삼 년 뒤에는 삼억 달러를 넘게 벌어들였다. 이것은 전체 컴퓨터 시장의 삼분의 일을 차지하는 대단한 일이었다.

'애플'은 무일푼으로 시작하여 역사상 가장 빨리 성장한 회사가 되었다. 이것은 모두 스티브 잡스의 오랜 도전과 끈기가 이루어 낸 성과였다.

---

* **서비스 센터** | 점검, 수리 같은 제품의 관리와 관련된 업무를 담당하는 곳.
* **거물** | 세력 따위가 뛰어나 영향력이 큰 인물.

한편 '애플2'의 인기가 계속 오르면서, 프로그래머들은 '애플2'에 맞는 여러 가지 *소프트웨어들을 만들기 시작했다. 프로그래머들은 자신들이 만든 것을 들고 스티브 잡스를 찾아왔다.

스티브 잡스는 그때마다 옛날 생각을 하며 친절하게 맞아 주었다. 물론 일에 관련해서는 철저했다.

하루는 한 프로그래머가 찾아와 자신이 만든 소프트웨어를 설명했다.

"제가 개발한 자동 *수치 연산 프로그램입니다. 컴퓨터로 계산을 할 때 수치 가운데 일부를 바꾸면 그 수치와 관련된 다른 항목들도 자동으로 바뀌는 전혀 새로운 프로그램입니다. 이름은 비지캘크라고 합니다."

"비지캘크?"

스티브 잡스는 프로그래머의 설명을 듣고, 곰곰이 생각해 보았다.

'사람이 직접 손으로 모든 계산을 다 한다면 엄청난 시간이 걸리겠군. 그런데 컴퓨터가 이 프로그램대로 계산을 한다면 훨씬 편리할 거야.'

---

* **소프트웨어** | 컴퓨터 프로그램이나 관련된 문서들을 통틀어 이르는 말.
* **수치** | 계산하여 얻은 값.

스티브 잡스는 프로그램을 사기로 마음먹었다.

"좋습니다. 사도록 하죠."

비지캘크 프로그램은 일 년 동안 무려 십오만 개나 팔렸다. 그 덕분에 '애플2'는 사무용 컴퓨터로도 널리 쓰이게 되었다. 스티브 잡스의 날카로운 판단이 다시 한번 빛을 발하는 순간이었다.

1980년, '애플'은 주식을 발행했다. '애플'의 주식은 한 시간 만에 모두 팔렸다. 그리고 하루가 멀다 하고 주식 가격이 올랐다. 많은 사람들이 '애플' 주식의 가치를 높게 평가했기 때문이었다. '애플'은 엄청나게 많은 자금을 순식간에 모을 수 있었다.

그러던 어느 날, 스티브 잡스는 전화 한 통을 받고 깜짝 놀라 소리쳤다.

"알겠습니다. 감사합니다."

"무슨 일인데 그래?"

옆에서 워즈니악이 물었다.

"워즈니악, 이제 우리는 진짜 부자가 되었어."

"그게 무슨 소리야?"

워즈니악은 눈을 크게 떴다.

"우리 '애플'의 주식 가격이 계속 오르고 있다는 거야. 하루 만에 수

억 달러를 벌었다고."

'애플'의 주식으로 엄청난 이익을 올렸을 때, 스티브 잡스의 나이는 겨우 스물다섯 살이었다.

며칠 뒤 스티브 잡스는 자동차 회사에 가서 비싼 자동차를 한 대 샀다. 그리고 커다란 집을 한 채 계약했다. 모두 다 부모님을 위한 선물이었다.

스티브 잡스는 새 자동차에 부모님을 태우고, 새로운 집으로 갔다.

"스티브, 여기가 어디니?"

커다란 집 앞에서 어머니가 물었다.

"두 분을 위해서 제가 마련한 새집이에요."

"뭐라고?"

아버지와 어머니는 너무 감동해서 눈물을 흘리고 말았다.

스티브 잡스는 부모님을 꼭 안았다.

"아버지, 어머니가 계시지 않았다면 지금의 저는 없었어요. 진심으로 감사드려요."

스티브 잡스는 그동안 사랑을 베풀고 믿어 준 부모님에게 마음속으로 간직했던 말을 꺼냈다.

"제가 성공하면 가장 먼저 아버지의 낡은 차를 바꿔 드리고, 어머니에게 좋은 집을 선물해 드리고 싶었어요."

스티브 잡스는 새로운 집과 자동차가 부모님의 마음에 들어 기뻐하는 모습을 보고 싶었다.

어머니는 스티브 잡스의 손을 꼭 잡았다.

"스티브, 이렇게 성공을 하다니. 정말 고맙구나."

"항상 어린애인 줄로만 알았는데 어느새 스티브가 어른이 되었구

나. 우리 아들 장하다."

아버지 역시 흐뭇한 미소를 지으며 스티브 잡스의 어깨를 두드려 주었다.

아버지와 어머니는 스티브 잡스를 처음 집에 데려올 때를 떠올렸다. 그리고 이렇게 훌륭하게 자라서, 성공한 스티브 잡스의 모습이 정말 자랑스러웠다.

스티브 잡스의 성공은 세 식구에게 큰 행복이었다.

시크릿 포인트 7
Secret Point

찾아온 기회를 꽉 잡아라

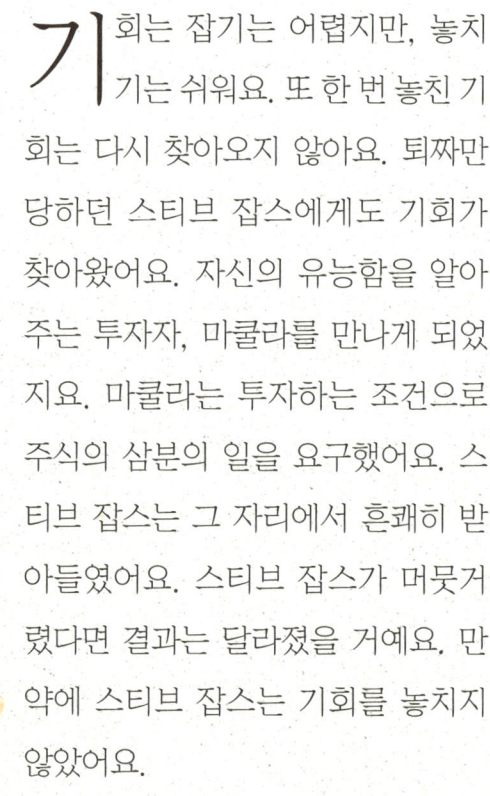

기회는 잡기는 어렵지만, 놓치기는 쉬워요. 또 한 번 놓친 기회는 다시 찾아오지 않아요. 퇴짜만 당하던 스티브 잡스에게도 기회가 찾아왔어요. 자신의 유능함을 알아주는 투자자, 마쿨라를 만나게 되었지요. 마쿨라는 투자하는 조건으로 주식의 삼분의 일을 요구했어요. 스티브 잡스는 그 자리에서 흔쾌히 받아들였어요. 스티브 잡스가 머뭇거렸다면 결과는 달라졌을 거예요. 만약에 스티브 잡스는 기회를 놓치지 않았어요.

　마쿨라의 투자로 사업이 점점 활기를 띠었어요. 그리고 자신들이 만든 컴퓨터를 알리기 위해 박람회에 나갔어요. 박람회에서 스티브 잡스는 또다시 기회를 잡아요. 넘치는 자신감으로 사람들을 끌어들였지요. '애플'에는 투자자들이 줄을 잇게 되었어요. 스티브 잡스는 새로운 프로그램을 사들여 수익을 올리기도 하지요. 스티브 잡스는 기회가 찾아왔을 때마다 재빠르게 판단하고 행동했어요.

　스티브 잡스가 기회를 잡을 수 있었던 것은 늘 준비하고 있었기 때문이에요. 투자자에게는 강한 믿음을 보여 주었고, 박람회에서는 자신감 넘치게 행동했지요. 또 새로운 프로그램을 적극적으로 검토해 가능성을 발견했어요.

　어떤 기회가 언제 찾아올지 알 수는 없어요. 하지만 늘 준비하고 노력하고 있으면, 기회가 찾아왔을 때 꽉 잡을 수 있지요.

8 시련이 찾아오다

스티브 잡스는 '애플3'에 자부심이 대단했다.
'애플2'보다 성능이 뛰어나다고 굳게 믿고 있었다.
처음에는 멋지게 성공한 것 같았다.
그러나 얼마 지나지 않아 '애플3'를 수리하거나
아예 반품해 달라는 요구가 빗발쳤다.

스티브 잡스는 성공을 하고도, 늘 스스로에게 다짐했다.

'애플2'는 나와 워즈니악이 함께 만들었지만, 설계는 워즈니악이 했어. 이번에는 반드시 내가 설계한 컴퓨터를 만들어야지.'

스티브 잡스는 '애플3'를 만들기 위해 고민을 했다. 그리고 어느 날 워즈니악을 붙잡고 심각하게 말했다.

"워즈니악, 그동안 자네가 '애플1'과 '애플2'를 설계한 덕분에 '애플'이 이 정도까지 올 수 있었어. 그래서 이번에는 내가 직접 '애플3'를 설계해 보았어. 아직 완성된 것은 아니지만 한번 봐 주겠나?"

워즈니악은 스티브 잡스가 펼쳐 놓은 설계도를 들여다보았다.

"역시, 스티브! 자네는 대단해. 아주 훌륭한 컴퓨터가 될 것 같은데. 자네라면 얼마든지 할 수 있을 거야. 그렇지 않아도 나도 자네에게 '애플3'를 맡길 생각이었어."

"그랬어?"

"스티브, 나는 잠시 회사를 떠나 여행을 다녀오고 싶어. 그동안 너무 회사 일에만 매달렸더니 답답해서 말이야. 사장인 자네에게 휴가를 다녀와도 되냐고 묻는 걸세."

"하하, 그게 무슨 소리야? 부사장에게 물론 휴가를 줘야지. 그렇다고 너무 무리해서 다니지는 말게. 자네처럼 일만 하던 사람은 노는 것이 무리일 수 있어."

스티브 잡스는 기분 좋게 워즈니악에게 휴가를 주었다. 그동안 성실하게 일만 했던 워즈니악은 처음으로 여행을 떠났.

워즈니악이 없는 동안 스티브 잡스는 '애플3' 설계를 끝마쳤다. 그리고 곧바로 '애플3'에 대한 연구 개발이 시작되었다. 스티브 잡스는 '애플3'를 열 달 뒤에 선보일 계획이었다. 미리 광고도 내보냈다.

스티브 잡스는 직원들에게 당부했다.

"반드시 열 달 뒤에는 '애플3'가 나와야 합니다. 사람들이 모두 우리 '애플3'에 관심을 가지고 있습니다. 소비자들과 한 약속은 꼭 지켜야 합니다."

그런데 개발을 맡은 기술자들이 스티브 잡스가 설계한 것 말고도 다른 기능을 계속 추가했다. 그 바람에 '애플3'는 열 달 뒤에 나올 수가 없었다.

스티브 잡스는 그러한 사실을 알고 단단히 화가 났다.

"도대체 왜 기능을 추가하겠다는 것입니까? 사장인 내 지시도 없이 그렇게 마음대로 해도 됩니까?"

"직원들끼리 충돌이 있었습니다."

"기술자 가운데 한 사람이 자기가 만든 부품을 추가해야 한다고 해서요. 그렇지 않으면 일을 중단하겠다고 소동을 피웠습니다."

스티브 잡스는 걱정이 이만저만이 아니었다. 다행히 사람들은 '애플'이 내놓을 새로운 컴퓨터에 대한 기대가 무척 컸다. 그래서 아무도 '애플'이 약속을 어겼다고 비난하지 않았다.

1980년, 드디어 '애플3'가 캘리포니아에서 열린 컴퓨터 전시회에서 선을 보였다.

스티브 잡스는 '애플3'에 자부심이 대단했다. '애플2'보다 성능이 뛰어나다고 굳게 믿고 있었다.

처음에는 멋지게 성공한 것 같았다. 그러나 얼마 지나지 않아 '애플

3'를 수리하거나 아예 반품해 달라는 요구가 빗발쳤다.

'애플3'는 종종 작동이 멈추는 심각한 *결함과 비싼 가격 때문에 사람들에게 외면당했다. 그리고 '애플2'와 *호환성도 떨어졌다. 스티브 잡스는 이해할 수 없었다.

"제품 검사를 어떻게 했기에 이 지경입니까? 당장 매장에 있는 '애플3'를 모두 거두어들이세요."

아무런 이유를 몰랐던 경영진들은 진땀을 흘리며 난감해했다.

조사해 보니 '애플3'는 열을 제대로 처리하지 못하는 것으로 밝혀졌다. 상자 안에서 생긴 열이 빠져나가지 못하면서 갖가지 부품에 영향을 주어 말썽을 일으키고, 심지어 작동 자체가 멈추는 것이었다.

스티브 잡스는 '애플3'를 만든 기술자들에게 문제를 해결하라고 지시했다.

나중에 알고 보니, 기술자 가운데 한 사람이 결함을 알면서도 누구에게도 알리지 않고, 입을 꾹 다물었던 것이었다. 예전에 자기가 만든 부품을 넣어야 한다며 소동을 피웠던 기술자였다. 스티브 잡스가 성공하는 것을 못마땅하게 여겨 저지른 일이었다.

---

* **결함** | 부족하거나 완전하지 못하여 흠이 되는 부분.
* **호환성** | 제 기능을 잃지 않고, 장치 등을 서로 바꾸어 쓸 수 있는 성질.

그렇게 '애플3'는 '애플'의 첫 번째 실패작이 되었다. '애플3'는 맞수 '아이비엠'의 개인용 컴퓨터보다 일 년이나 먼저 세상에 나왔지만, 빛을 보지 못했다.

스티브 잡스는 문제를 일으킨 기술자를 만나 보았다.

"자네는 내가 성공하는 게 나만을 위한 일이라고 생각한 것 같군. 내 꿈은 모든 사람들이 쉽게 컴퓨터를 쓰게끔 하는 것이라네. 그렇다고 나는 자네를 해고할 생각이 없네. 그동안 직원들을 잘 살피지 못한 내 잘못이기도 하니까. 나에게 오해가 있었다면 풀어 주게."

하지만 그 기술자는 스스로 '애플'을 나가 버렸다. 그리고 스티브 잡스에게 편지 한 통을 남겼다.

> 스티브 잡스 사장님, 차라리 저를 해고하지 그러셨어요?
> 큰 뜻을 이해하지 못하고, 사장님 혼자만의 성공이라고
> 생각했습니다.
> 일을 저지르고 난 다음에야 큰 뜻을 이해할 수 있었습니다.
> 정말 죄송합니다.

스티브 잡스는 편지를 읽고 가슴이 답답했다.
'그동안 '애플3'를 만드는 데만 신경을 쏟다 보니, 회사 돌아가는 일을 통 살피지 못했어. 역시 두 마리 토끼를 다 잡기란 어려운 것인가? 직원들에게 소홀했다는 것을 미처 몰랐군. 내 나름으로는 신경을 쓴다고 했는데 실은 미움을 받고 있었다니. 워즈니악이 정말 그립군.'
스티브 잡스는 워즈니악이 어떻게 지내는지 궁금했다. 그런데 얼마 뒤, 워즈니악이 경비행기를 조종하다가 사고가 났다는 소식이 들려왔다. 스티브 잡스는 깜짝 놀라 병원으로 달려갔다.

워즈니악은 다행히 목숨은 건졌지만, 크게 다쳤다. 두 달 가까이 사람들과 그동안의 일들을 기억하지 못하는 심각한 기억 상실증에 시달렸다. 스티브 잡스는 워즈니악을 붙잡고 한참 동안 눈물을 흘렸다.

"도대체 이게 뭔가? 잠깐 여행한다더니, 자네 같은 천재가 기억 상실증이라는 게 말이나 되나? 자네가 없는 동안 회사가 어떻게 돌아갔는지 아나? 내 말 좀 들어 보게."

스티브 잡스가 답답한 마음을 말해 보았지만, 워즈니악은 알아들을 수가 없었다. 워즈니악은 스티브 잡스를 멍하니 바라볼 뿐이었다. 스티브 잡스는 워즈니악과 함께 작업했던 시절을 떠올렸다. 지금까지 살면서 워즈니악을 만난 것이 가장 큰 행운이라는 생각은 변함없었다.

몇 달 뒤, 천만다행으로 워즈니악은 기억을 되찾기 시작했다. 워즈니악은 심각하게 스티브 잡스에게 말했다.

"스티브, 나는 이제 회사를 떠나야 할 것 같네."

"그게 무슨 말이야? 떠나다니?"

"병원에 있는 동안 많은 생각을 했어. 지금까지 너무 일만 하며 살아온 것 같아. 나는 예전에 낡은 차고에서 컴퓨터를 만들던 때가 지금보다 행복했던 거 같아."

"자네 말이 무슨 뜻인지는 알아. 나 역시 자네의 기억이 돌아오지

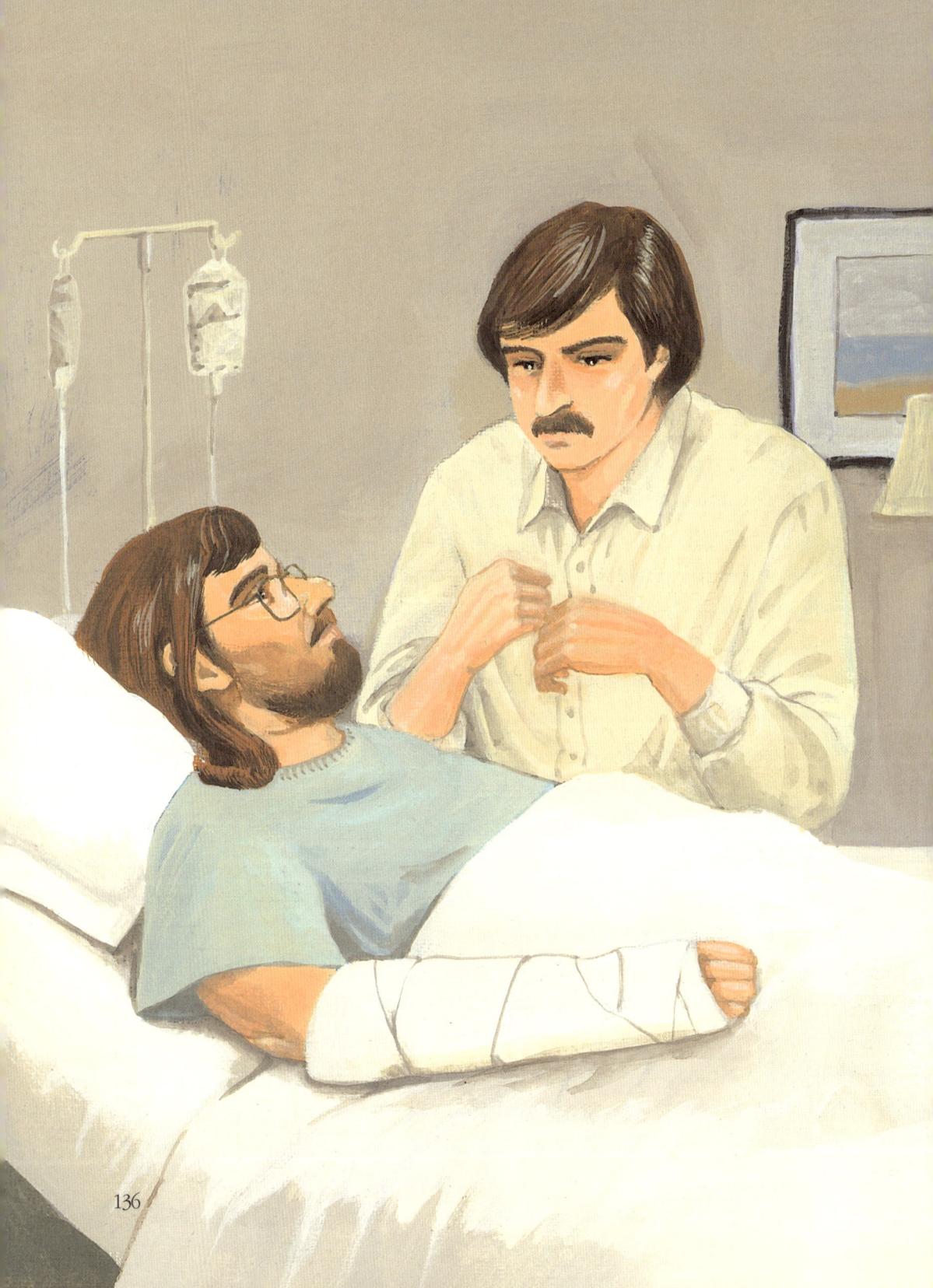

않았을 때 그 시절을 떠올렸어. 그때 우리는 정말 행복했고, 겁 없이 도전했지. 하지만 워즈니악, 우리는 이제 회사를 책임지는 경영자일세. 그때와 상황이 많이 달라지지 않았나? 요즘 컴퓨터 시장의 움직임이 심상치 않아. '아이비엠' 말고도 큰 컴퓨터 회사들이 개인용 컴퓨터를 준비하고 있다고. 우리의 실력을 보여 줘야지. 그냥 보고만 있을 텐가?"

스티브 잡스는 워즈니악을 붙잡았다.

"미안해, 스티브. 나는 이제 그런 도전은 하고 싶지 않아. 자네라면 끝까지 잘할 수 있을 거라고 믿네."

워즈니악은 '애플'을 떠나기로 했다. 스티브 잡스는 어쩔 수가 없었다. 그동안 워즈니악이 많이 생각하고 결정한 것을 알기에 붙잡는 것은 무리였다. 스티브 잡스는 '애플3'의 실패를 추스르기도 전에 워즈니악을 떠나보내야 했다.

시크릿 포인트 8
Secret Point

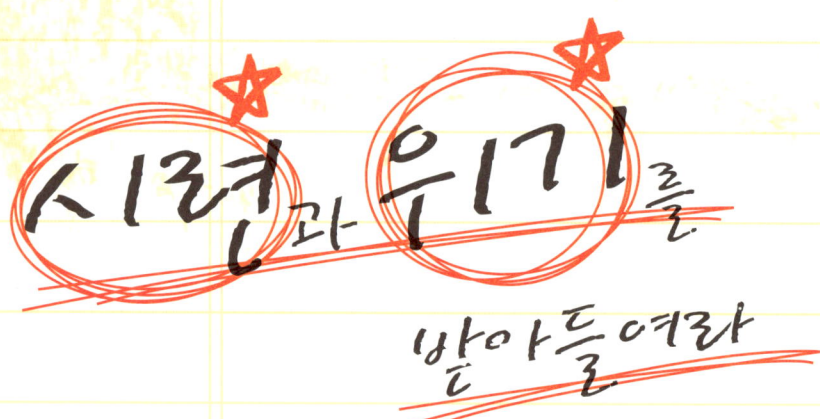

시련과 위기를 받아들여라

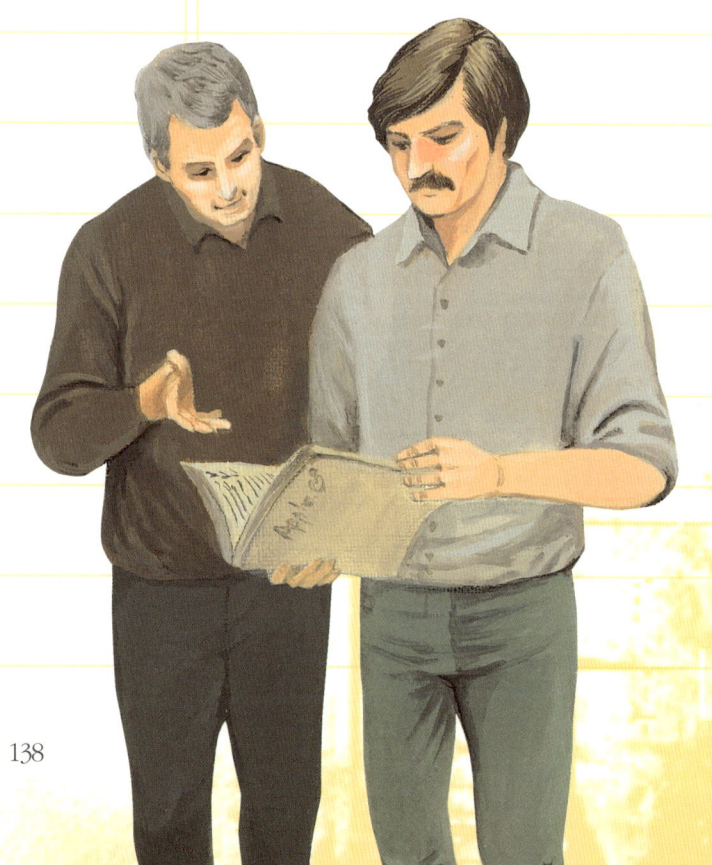

날마다 즐겁고 행복한 일이 계속 이어지면 어떨까요? 아마 날마다 행복할 거예요. 하지만 예상하지 못했던 시련과 위기는 누구에게나 닥치게 마련이에요. 그래서 시련과 위기가 찾아오면 당황하지요.

스티브 잡스의 성공을 시기하는 직원의 잘못으로 스티브 잡스에게 시련이 닥쳤어요. 새로 만든 컴퓨터에 큰 문제가 생기고, 회사는 손해를 보았어요. 하지만 스티브 잡스는 문제를 일으킨 직원을 해고하지 않았어요. 오히려 반성을 하는 계기로 삼았지요. 스티브 잡스는 자신이 직원 관리에 소홀했기 때문에 일이 커졌다고 생각했어요. 스티브 잡스는 시련과 위기를 피하려고 하지 않고, 마음을 열어 받아들였어요. 그 후에도 시련과 위기는 계속 찾아왔어요. 오랫동안 함께 일하고 의지했던 워즈니악이 '애플'을 떠났어요. 스티브 잡스는 큰 충격을 받고, 힘든 시간을 보냈어요.

시련과 위기는 피해 갈 수 없어요. 시련과 위기가 닥쳤을 때, 모르는 척하거나 도망쳐도 소용없어요. 괴롭겠지만 얼른 받아들이도록 노력해야 하지요. 힘들다고 시름에 빠져 지내면 앞으로 나아갈 수가 없어요. 시련과 위기를 받아들이고, 극복하려고 노력하는 사람만이 시련과 위기를 딛고 다시 일어설 수 있어요.

9 '애플'에서 쫓겨나다

또다시 스컬리가 큰 소리로 외쳤다.
"잘 팔리지 않는데도 비싼 고성능 컴퓨터를 고집하는
스티브 잡스 회장을 이해할 수 없습니다.
더 이상 스티브 잡스 회장의 독선으로 회사를 망칠 수 없습니다.
회장직 사퇴를 강력하게 건의합니다."

1981년, '아이비엠'은 새로운 개인용 컴퓨터를 내놓았다. 마쿨라가 스티브 잡스에게 신문을 보여 주며, 심각하게 말했다.

"스티브, 이 기사 좀 보게. '아이비엠'이 개인용 컴퓨터 시장에 뛰어들었어."

"우리가 '애플3' 때문에 시련을 겪는 동안 우리를 앞지르고 말았네요. 이러고 있을 게 아니라 우리도 광고를 내야겠어요."

"광고를 낸다고?"

"네. '애플'은 새로운 경쟁자 '아이비엠'을 진심으로 환영한다는 글을 싣도록 합시다."

스티브 잡스는 결코 포기하지 않았다. 이 경쟁에서 살아남을 것이라는 강한 의지와 자신감을 드러냈다. 스티브 잡스가 생각해 낸 광고가 나가자 '아이비엠'은 오히려 기세등등해졌다.

'아이비엠'의 사장은 자신에 찬 목소리로 직원들에게 말했다.

"지금까지는 '애플'을 지켜보면서 연구에만 힘을 쏟아 왔지만, 이제부터는 우리가 개인용 컴퓨터 시장을 이끌어 갈 거야. 우리는 '애플'과 다르게 컴퓨터 내부를 공개하는 거야."

"컴퓨터 내부를 공개한다고요?"

"그렇지. 시스템을 아예 공개해서 프로그램 개발자와 컴퓨터 시장에서 인정을 받자는 거지. 그렇게 되면 다른 컴퓨터와 호환성이 생기니까 우리 쪽이 '애플'을 누를 수 있을 거야."

한편 스티브 잡스는 전혀 새로운 컴퓨터인 '리사'를 발표했다. '리사'는 '애플1, 2, 3'와 달리 호환성이 있었고, 마우스가 달려 있었다. 그래서 키보드로 일일이 명령어를 입력하지 않아도 되는 놀라운 컴퓨터였다.

마우스로 아이콘을 누르기만 하면 프로그램이 실행되는 것은 굉장한 발전이었다.

스티브 잡스는 직원들에게 말했다.

"나는 이 '리사'를 일만 달러에 팔 것입니다."

직원들은 비싸다며 모두들 반대했다. 그러나 스티브 잡스는 '리사'의 성능과 *사양을 볼 때 일만 달러는 결코 비싼 게 아니라고 했다.

그때 '아이비엠'은 훨씬 싼값으로 개인용 컴퓨터를 팔았다. 사람들은 '리사'보다 싼 '아이비엠' 컴퓨터를 더 좋아했다. 결국 '리사'는 제대로 성능을 인정받지도 못했다.

한편 '아이비엠'은 환호성을 질렀다.

"역시 우리 예상이 맞아떨어졌어."

'애플'은 '아이비엠'에게 완전히 밀리고 말았다. 스티브 잡스는 남다른 공을 들여 만든 '리사'가 자신의 꿈을 이루어 줄 수 없다는 것을 깨달았다. 스티브 잡스는 또다시 쓰라린 실패를 맛보았다.

"이럴 수가. '리사'까지 실패하다니. 역시 컴퓨터는 성능보다는 가격이 우선이었어."

스티브 잡스는 너무나 안타까웠다. 그리고 마쿨라에게 '애플'의 경영을 맡기겠다며 당부했다.

"당분간 컴퓨터 개발에만 전념하고 싶어요. 내 빈자리를 대신해 줄

---

* **사양** | 설계 구조.

사람은 마쿨라 씨뿐입니다. 부탁드릴게요."

그러나 마쿨라는 겸손하게 자신은 그럴 능력이 되지 않는다며 사양했다.

"스티브, 나는 그렇게 뛰어난 사람이 아니네. 이제 나도 나이가 들어 전과 같지 않아. 나는 투자라면 자신 있지만, 경영은 할 수 없네. 자네 생각이 정 그렇다면 회사를 위해서 뛰어난 인재를 데려오는 것이 좋겠네. '펩시'에서 마케팅을 담당하는 사람이 아주 뛰어나다더군. 그 사람을 *스카우트하는 게 어떻겠나? 그 사람이라면 분명 나보다 훨씬 일을 잘할 거야."

마쿨라의 말에 스티브 잡스는 서글픈 마음이 들었다. 아무런 결정을 내리지 못한 채 고민에 빠져 지냈다.

'매키너 씨, 워즈니악, 마쿨라 씨까지 다들 '애플'을 떠나가는군. 그동안 내 주변에 얼마나 좋은 사람들이 있었는지 다시 한번 깨닫고 있어. 아쉬워도 받아들이도록 해야겠어. 이것 또한 운명이라고 생각해야지.'

1983년, 스티브 잡스는 '펩시'의 마케팅 담당자 스컬리에게 '애플'

---

* **스카우트** | 능력이 우수한 사람을 끌어들이는 일.

의 경영을 맡아 줄 것을 부탁했다. 스컬리는 얼굴빛을 바꾸며 거절했지만, 스티브 잡스는 쉽게 물러서지 않았다.

"당신이 '펩시'에 남는다면 오 년 뒤에 당신이 이룬 것은 아이들에게 설탕물을 팔아 댄 것밖에 없을 것입니다. 하지만 '애플'에 온다면 당신은 세상을 바꿀 수 있습니다."

스티브 잡스의 끈질긴 설득에 스컬리는 '애플'의 경영을 맡기로 했다. 마케팅에서 이름이 높았던 스컬리는 젊은 스티브 잡스가 지닌 두둑한 배짱에 마음이 끌렸다.

1984년, '애플'은 새로운 컴퓨터 '매킨토시'를 세상에 내놓았다. 스티브 잡스는 '매킨토시'를 처음 백 일 안에 칠만 대, 첫해에 오십만 대를 팔 수 있다고 자신했다.

스티브 잡스는 어떻게 '매킨토시'를 알리는 것이 좋을지 고민했다. 그리고 사람들이 많이 몰리는 운동 경기 도중에 매킨토시 광고를 내보내기로 했다.

회색 옷을 입은 기운이 빠진 노동자들을 향해 화면에 비친 한 지도자가 연설을 하고 있을 때, 밝은 옷을 입은 여성이 나타나 화면을 부숴 버리는 특이한 광고였다. 광고에서 지도자는 '아이비엠'을 나타내고, 젊은 여성은 '애플'을 나타내고 있었다. 독특한 '매킨토시' 광고가 나

가자, 세상이 떠들썩해졌다.

'매킨토시'는 디자인이 산뜻했고, 처음에 뜨는 만화 그림은 사람들에게 친근한 느낌을 주었다.

그러나 '매킨토시'는 잘 팔리지 않았다. 사람들은 '매킨토시'가 선보인 새로운 방식에 시큰둥했다. 그러자 '애플'의 경영진들이 스티브 잡스를 비난하기 시작했다.

스컬리는 난감한 표정을 하며 스티브 잡스에게 말했다.

"스티브, '매킨토시'는 판매량이 목표에 훨씬 못 미치고 있어. 처음 광고를 했을 때보다 주문량이 계속 줄어든다네. 나는 자네를 믿고 '펩시'를 떠나 이곳으로 온 걸세. 내가 잘못 판단한 게 아닌가 싶어."

"무슨 말씀을 그렇게 하십니까? '매킨토시'는 흠잡을 데 없이 완벽한 컴퓨터예요. 판매 방식에 문제가 있는 것 아닙니까?"

"자네 너무하는 거 아닌가? 어째서 책임을 떠넘기려고 하는가? 판매 방식에는 아무 문제가 없었네. 매킨토시는 저장 공간이 부족하고, 속도도 너무 느려. 게다가 사용할 수 있는 소프트웨어나 프로그램도 거의 없다고 말들이 많다는 걸 알고나 있는가?"

스티브 잡스는 스컬리의 말을 이해할 수 없었다. 스컬리와는 의견이 자주 엇갈렸다. 서로 마음이 맞지 않았던 것이었다. 오히려 스컬리는 스티브 잡스에게 화를 냈다.

"자네 고집대로 계속 신제품을 내놓았지만, 결과는 어떤가? 이러다가는 다른 회사에게 시장을 모두 빼앗기게 될 거라고!"

"고집이라고요?"

스티브 잡스는 할 말을 잃었다. 왜 다른 컴퓨터보다 훨씬 뛰어난 '매킨토시'가 인정을 받지 못하는지 알 수가 없었다. 그러나 여러 회사들은 '아이비엠'이 내놓은 컴퓨터에 더 호감을 가졌고, 언제부터인지 '아이비엠'은 개인용 컴퓨터의 표준이 되어 있었다.

'애플'의 정기 *주주 총회가 열리는 날이었다. 스컬리는 주주 총회에서 소리 높여 말했다.

"'애플3'와 '리사'의 실패, 그리고 '매킨토시'의 판매 부진으로 인해 우리는 지금 심각한 경영 위기에 처해 있습니다. 그동안 나를 비롯해 주요 업무 담당자들은 분명히 말했습니다. 이번 일에 대해서는 스티브 잡스 회장이 모든 책임을 져야 할 것입니다."

"어째서 그게 모두 제 탓입니까? 그리고 제가 물러난다고 모든 게 해결되나요?"

스티브 잡스와 주주 총회에 모인 사람들 사이에 말다툼이 일어났다. 사람들은 모두 스컬리와 뜻을 같이하고 있었다. 스티브 잡스가 고객보다는 기술에 너무 욕심을 낸다는 말이 나왔다.

또다시 스컬리가 큰 소리로 외쳤다.

---

* **주주 총회** | 주식을 가지고 있는 주주들이 모여 회사에 대한 일을 결정하는 기관.

"잘 팔리지 않는데도 비싼 고성능 컴퓨터를 고집하는 스티브 잡스 회장을 이해할 수 없습니다. 더 이상 스티브 잡스 회장의 독선으로 회사를 망칠 수 없습니다. 회장직 사퇴를 강력하게 건의합니다."

"찬성합니다!"

"찬성이오!"

여기저기에서 찬성한다는 의견이 쏟아졌다. 결국 스티브 잡스는 회장직을 빼앗기고, 경영에서 물러나야만 했다.

스티브 잡스는 '애플'의 한 사무실에서 아무런 도움도 받지 못한 채 홀로 지내야 했다. 직원들은 그 사무실이 얼음처럼 차갑다고 해서 '시베리아'라고 불렀다. 스티브 잡스는 석 달쯤 그곳에서 지내다가 결국 스스로 '애플'을 그만두었다. 1985년의 일이었다.

'회사에서 나를 쫓아내려고 꿍꿍이를 품은 게 틀림없어. 이 일을 결코 잊지 않을 거야. 정말 답답하군.'

스티브 잡스는 '애플'을 떠나면서 주식을 딱 한 주만 남기고 모두 팔아 버렸다. 떠나면서까지 도저히 이해할 수 없었다. 아무리 생각해도 자신이 틀렸다고 여겨지지 않았다. 다시 일어서서 자신을 내쫓은 사람들에게 보란 듯이 보여 주고 싶었다.

시크릿
포인트
9
Secret Point

절대로 포기하지 마라

세상을 살다 보면 열심히 노력했는데 오히려 나쁜 결과가 나오기도 해요. 게다가 주위에서도 자신의 잘못을 탓하면, 어떻게 해야 할지 아주 난처하지요. 실패한 것도 모자라 다른 사람들의 미움까지 받는 것은 더더욱 감당하기 힘든 일이에요.

스티브 잡스는 경쟁사에 맞설 만한 새로운 컴퓨터를 만드는 데 온 힘을 기울였어요. 그런데 결과는 참담한 실패였지요. 새로운 경영자를 들이며 노력했지만, 또다시 실패하고

　말았어요. 새로 내놓은 컴퓨터가 잇달아 실패하자, 사람들은 모두 스티브 잡스의 탓으로 돌렸어요. 사람들은 스티브 잡스가 물러나기를 바라며 모두 등을 돌렸어요. 스티브 잡스는 자신이 세운 회사에서 결국 쫓겨났어요. 그동안 이루어 놓은 것들이 한순간에 물거품이 되어 버렸지요. 스티브 잡스는 깊은 좌절에 빠졌어요. 하지만 그대로 물러서지는 않았어요.

　실패를 해도 절대로 포기하지 않고 노력하면 언젠가 다시 일어설 수 있어요. 하지만 포기를 하면 많은 것을 잃어요. 다른 일을 할 때도 겁을 먹게 되고, 자신을 탓하는 마음이 생기지요. 어려운 일이 생기면, 쉽게 포기하는 사람들이 있어요. 한 번 포기를 하기 시작하면, 그 다음에는 더 쉽게 포기를 하지요. 똑같이 실패를 하더라도 포기를 하는 사람과 결코 포기를 하지 않는 사람은 아주 많이 달라요.

10 새로운 출발

극장에 수많은 사람들이 몰려들었다. 텔레비전과 신문에서도 〈토이 스토리〉를 떠들썩하게 다루었다. 엄청난 성공이었다. 스티브 잡스는 너무나 뿌듯했다. 몇 번이나 실패를 하고 나서 손에 쥔 성공이라 느낌이 남달랐다.

스티브 잡스는 답답한 마음을 떨쳐 버리려고 자전거 여행을 떠났다. 혼자 자전거를 타고, 유럽 여러 나라를 돌아다녔다.

'그동안 우물 안 개구리처럼, '애플'과 '매킨토시'만 최고인 줄 알고 살았어. 컴퓨터 말고도 또 다른 세상이 있다는 것을 왜 몰랐을까? 다시 꿋꿋하게 이겨 내서 아무도 흉내 낼 수 없는 컴퓨터를 만들고 말 거야.'

유럽 여행을 다녀온 뒤, 스티브 잡스는 그 어느 때보다 씩씩하게 움직였다. 새로 만들 회사와 컴퓨터에 대한 계획을 세우면서 차근차근 준비를 해 나갔다.

스티브 잡스는 사람들을 만나며 새로운 컴퓨터를 머릿속에 그려 나갔다.

"앞으로 제가 만들 새로운 컴퓨터는 유전자 분리 연구에 많은 도움을 줄 수 있을 거라고 생각합니다."

"좋은 생각이기는 한데 당신이 정말 그런 컴퓨터를 만들 수 있다는 겁니까?"

"그래서 제가 교수님을 찾아온 거 아닙니까? 많은 연구를 하고 있는 교수님들과 대학생들에게 필요한 컴퓨터에 대해서 알려 주시면 됩니다."

스티브 잡스는 연구에만 온 힘을 쏟았다. 하루는 워즈니악이 오랜만에 스티브 잡스를 찾아왔다. 워즈니악은 스티브 잡스의 모습을 보고 안타까워했다.

"스티브, 이렇게 처박혀서 뭐 하는 건가?"

"하하, 이게 어때서 그런가? 다시 옛날처럼 일하는 기분이 나쁘지만은 않아."

"자네, '애플'의 회장과 부회장이었던 사람들이 이제는 회사 근처도 못 가고 있는 현실에 대해서 어떻게 생각하는가?"

워즈니악의 농담 섞인 물음에 스티브 잡스는, 한바탕 소리 내어 웃었다.

"하하하, 그러게 말이네. 운명이라고 받아들일 수밖에 없지 않나?"

이렇게 말하면서도 스티브 잡스의 마음 한구석은 여전히 씁쓸했다.

"워즈니악, 그런데 자네 새로 시작한 일은 잘되고 있어?"

"그럭저럭. 그동안 전혀 해 보지 않았던 분야라서 새로운 재미를 느끼고 있지."

워즈니악은 '애플'을 그만둔 뒤, 작은 컴퓨터 학원을 차렸다. 학원에서 아이들에게 컴퓨터를 가르치며 보람을 느끼고 있었다.

스티브 잡스는 워즈니악 앞에서 굳은 의지를 보였다.

"워즈니악, 이번에는 일반 컴퓨터가 아닌 연구원이나 대학생들을 위한 고성능 컴퓨터를 만들 생각이야. 꼭 성공해서 나를 쫓아낸 사람들에게 내가 틀리지 않았다는 걸 보여 주고 말겠어."

"나는 언제나 자네가 잘되길 바라고 있어. 나는 비록 컴퓨터 만드는 일에서 손을 떼었지만, 자네만큼은 반드시 성공할 거라고 믿네."

워즈니악의 말은 스티브 잡스에게 큰 힘이 되었다. 스티브 잡스는 자신을 믿어 주는 사람이 있기에 더욱 포기할 수 없었다.

스티브 잡스는 고성능 컴퓨터 시장을 노리고 새로운 컴퓨터 회사 '넥스트'를 만들었다. '애플'을 시작할 때보다는 나이가 많이 들었지

만, 아직 서른한 살이었다.

'애플'에서 스티브 잡스를 따르던 몇몇 직원들이 '넥스트'에 들어왔다. 그렇게 해서 새로운 회사가 점차 제 모습을 갖추어 나갔다. 예전에 스티브 잡스를 믿었던 사람들도 '넥스트'에 투자를 했다.

스티브 잡스는 틀에 박힌 생각을 떨쳐 내기 위해 애를 많이 썼다. 스티브 잡스는 창립 기념 행사에서 모든 직원들에게 말했다.

"왜 컴퓨터는 자동차나 오디오처럼 멋진 디자인으로 만들 수 없는 겁니까? 남들 뒤만 따라가서는 결코 이길 수 없습니다. 항상 한 발 먼저 앞서 가야 합니다. 디자인과 성능으로 우리 컴퓨터가 최고가 될 수 있다는 것을 보여 줘야 합니다."

스티브 잡스는 새 컴퓨터로 다시 한번 세상을 놀라게 하고 싶었다.

그런데 스티브 잡스는 '넥스트' 말고도 또 다른 사업을 계획하고 있었다. 유럽 여행을 하면서 컴퓨터뿐만 아니라 다른 분야에도 눈을 돌리기로 결심했다.

1986년, '루카스 필름'이 *컴퓨터 그래픽 부문을 판다는 소식이 들렸다. 스티브 잡스는 귀가 번쩍 뜨였다. '루카스 필름'은 영화 〈스타워즈〉를 만든 조지 루카스 감독의 회사였다.

스티브 잡스는 루카스 감독을 만나기 위해 사무실을 찾아갔다. '루카스 필름'은 부랑자들이 오가는 구질구질한 곳에 자리하고 있었다.

스티브 잡스는 적잖이 놀라고 말았다. 허름하고 볼품없는 사무실을 보면서 처음 '애플'을 시작했을 때가 떠올랐다.

'나도 처음에는 차고에서 출발했지. 사무실이 좋고 나쁜 건 회사가 성공하는 데 아무 영향도 끼치지 않아.'

---

* **컴퓨터 그래픽** | 컴퓨터를 이용해 도형이나 그림 들을 그리는 것.

스티브 잡스는 컴퓨터 그래픽 작업 과정을 몹시 흥미롭게 지켜보았다. 실제로 와서 보니, 자신이 내린 결정이 옳다는 생각이 들었다.

"컴퓨터로 특수한 효과를 만들어 내는 회사라 정말 다르군요. 앞으로 발전 가능성이 있겠어요."

이런 별 볼일 없는 곳에서 마술 같은 영화가 만들어졌다는 것이 믿어지지 않았다. 스티브 잡스는 '루카스 필름'의 컴퓨터 그래픽 부문을 주저 없이 사들이고, 회사 이름을 '픽사'라고 지었다. 스티브 잡스는 새로운 분야를 향해 발돋움을 시작했다.

'픽사'를 운영하는 데는 생각한 것보다 훨씬 많은 돈이 필요했다. 스티브 잡스는 작업 과정에 직접 참여하지는 않았지만, 아낌없이 돈을 지원해 주었다.

1988년, 드디어 '넥스트'의 새로운 컴퓨터가 모습을 드러냈다. '매킨토시'보다 더 쓰기 쉽게 만들어진 컴퓨터는 방송과 신문에서 큰 관심을 보였다. 그러나 주문량은 턱이 없이 적었다. 가격이 너무 비쌌기 때문이었다. 당시 대학생들이 쓰는 컴퓨터는 천오백 달러면 살 수 있었는데 '넥스트'의 새 컴퓨터는 일만 달러가 넘었다.

직원들은 다른 컴퓨터와 비슷하게 가격을 큰 폭으로 내려야 한다고 말했다. 그러나 스티브 잡스는 마음을 바꾸지 않았다.

"이것은 삼 년 동안 온 힘을 다한 모든 직원들의 자존심이 걸린 일이에요. 결코 가격을 내릴 수 없어요."

스티브 잡스는 또다시 쓰라린 실패를 맛보았다. 직원들은 다시 하나 둘씩 떠났다. 날이 갈수록 손해가 커졌다. 결국 스티브 잡스는 모든 공장에서 컴퓨터 생산을 중단시켰다.

그사이 '픽사'는 꾸준히 성장했다. 1989년에는 컴퓨터 그래픽으로 만든 단편 애니메이션 〈틴 토이〉가 아카데미상을 받았다. 게다가 유명한 애니메이션 제작사인 '월트디즈니'에서 함께 작업할 것을 요청해 왔다. 스티브 잡스는 곰곰이 생각했다.

'컴퓨터 그래픽만으로 애니메이션을 만드는 것은 앞으로 가능성이 아주 많아. 다시 도전해 보자.'

스티브 잡스는 애니메이션 사업으로 관심을 돌렸다. 컴퓨터 그래픽 작업에 필요한 제작비를 투자하고, 열정을 쏟았다.

그러나 스티브 잡스의 이런 행동은 주변 사람들의 걱정을 사기에 충분했다. 모두 스티브 잡스를 말리기에 바빴다.

컴퓨터 그래픽 작업만으로 만든 애니메이션은 사람들에게 아주 낯설게 보였다. 사람들은 스티브 잡스가 자신의 재산을 털어서 아주 무모한 도전을 한다고 생각했다.

그러나 스티브 잡스는 포기하지 않았다. 컴퓨터 그래픽으로 만든 애니메이션이 지닌 가능성을 놓치고 싶지 않았기 때문이었다. 또한 '픽사' 직원들의 능력과 열정을 믿었다. 그렇게 해서 주위의 반대에도 아랑곳하지 않고 애니메이션 한 편을 완성할 때까지 모든 제작비를 지원했다.

1995년, '픽사'의 첫 번째 장편 애니메이션인 〈토이 스토리〉가 개봉했다. 장난감들이 벌이는 갖가지 이야기를 그린 〈토이 스토리〉는 세계에서 처음으로 입체 영상으로 만든 애니메이션이었다.

극장에 수많은 사람들이 몰려들었다. 텔레비전과 신문에서도 〈토이 스토리〉를 떠들썩하게 다루었다. 엄청난 성공이었다.

스티브 잡스는 너무나 뿌듯했다. 몇 번이나 실패를 하고 나서 손에 쥔 성공이라 느낌이 남달랐다.

'마침내 해냈어. 주저앉지 않기를 정말 잘했어.'

〈토이 스토리〉는 개봉한 첫 주에만 수백만 달러를 벌어들였다. 그리고 *캐릭터 상품을 팔아서 영화 총수입의 세 배가 넘는 돈을 벌었다. 스티브 잡스는 '픽사'의 주식을 팔기 시작했다. 투자자들이 벌 떼같이 몰려들었다.

'픽사'의 주식 가격은 순식간에 치솟았고, 스티브 잡스는 또다시 엄청난 돈을 벌어들였다.

1998년에 '픽사'는 두 번째 작품으로 〈벅스 라이프〉를 개봉했다.

〈벅스 라이프〉 역시 큰 성공을 거두었다. 두 편의 애니메이션을 통해 '픽사'는 애니메이션 시장에서 우뚝 떠올랐다.

---

* **캐릭터** | 독특한 개성과 이미지를 가진 등장인물.

스티브 잡스는 '넥스트'의 실패로 한때 위기에 몰렸으나, 남다른 도전 정신을 발휘해 멋지게 다시 일어섰다.

'픽사'는 1999년에 〈토이 스토리2〉, 2002년에 〈몬스터 주식회사〉를 개봉했다. 그리고 그 다음으로 내놓은 〈니모를 찾아서〉와 〈인크레더블〉도 모두 큰 성공을 거두었다.

스티브 잡스는 '성공한 영화 제작자'라는 새로운 이름을 얻었다.

시크릿 포인트 10
Secret Point

새로운 가능성을 찾아라

한 번도 가 본 적이 없는, 모르는 길을 가는 것은 조금 무서워요. 길을 잃어버릴 수도 있고, 또는 길이 막혀 있을 수도 있어요. 처음 하는 일은 낯설고 두렵기까지 해요. 하지만 언제나 같은 길로만 다니고, 똑같은 생활만 계속할 수는 없어요. 어느 때가 되면, 색다르고 새로운 시작이 기다리고 있지요.

스티브 잡스는 '애플'을 나온 뒤, 새로운 컴퓨터를 개발하려고 애썼어요. 그리고 컴퓨터 그래픽이라는 새로운 분야에 뛰어들었어요. 컴퓨터 그래픽을 이용해 애니메이션을 만드는 것은 새로운 길을 만드는 것과 같았어요. 그래서 주위 사람들은 걱정을 많이 했지요. 만일 그때 스티브 잡스가 주저했더라면, 컴퓨터 그래픽만으로 만들어진 애니메이션은 한참 뒤에나 세상에 나왔을 거예요.

새로운 길이 어떻게 펼쳐질지 아무도 알지 못해요. 흥미진진한 모험이 시작되는 새로운 도전의 시작이기 때문이지요. 새로 시작한 일이 성공할 수도 있고, 때로는 실패를 할 수도 있지요. 실패가 두려워서 시도도 하지 못하는 것은 어리석어요. 새로운 가능성에 도전하는 것, 그리고 실패를 경험하는 것 또한 성공 못지않은 커다란 소득이에요.

11 끝나지 않은 신화

"저는 앞으로 결코 현실에 만족하지 않을 것이며,
끊임없는 노력으로 컴퓨터와 영상 산업을 발전시킬 것입니다.
성공을 하기 위해서는 자신이 사랑하는 일을 먼저 찾아야 합니다.
그리고 일에 대한 열정을 갖기 바랍니다."

'픽사'의 대성공은 스티브 잡스에게 커다란 행운을 가져다주었다. 비록 '넥스트'는 실패했지만 넉넉한 자금을 확보할 수 있었고, 다시 큰 영향력을 행사할 수 있었다.

2006년에 '월트디즈니'가 '픽사'를 인수하면서 스티브 잡스는 '월트디즈니'의 *이사회 임원이 되었다.

어느 날, 한 남자가 스티브 잡스를 찾아왔다.

"안녕하세요. '애플'의 길 어밀리어 회장입니다. 지금 '애플'은 굉장히 상황이 좋지 않습니다. 우리 회사의 경영 *고문을 맡아 주셨으면

---

* **이사회** | 회사의 업무를 집행하는 데 대한 의사를 결정하는 기관.

* **고문** | 전문 지식과 풍부한 경험을 바탕으로 도움이 되는 의견이나 말을 해 주는 자리, 또는 사람.

좋겠습니다."

"경영 고문이라고요?"

"제발 위기에 빠진 '애플'을 맡아 주십시오."

스티브 잡스는 한참 동안 말없이 생각했다. 그리고 결단을 내렸다.

"좋습니다. 대신 저도 조건이 있습니다. 앞으로 당분간 '애플'은 저 혼자서 경영하겠습니다."

"알겠습니다."

"조건이 또 있습니다. 제 월급은 일 달러로 해 주십시오."

"네?"

"아시겠지만 '애플'은 제가 세운 회사입니다. 저는 돈을 바라고 다시 돌아가는 것이 아닙니다. 단지 끝까지 책임을 지고 싶을 뿐입니다."

어밀리어 회장은 크게 감탄했다. 하지만 세상 사람들은 스티브 잡스가 망해 가는 '애플'을 떠맡았다며 비웃었다. '픽사'의 직원들 역시 스티브 잡스를 이해할 수 없었다. 스티브 잡스를 비아냥거리는 사람들이 점점 늘어났다.

며칠 뒤 스티브 잡스는 오랜만에 '애플'로 출근을 했다. 찬찬히 회사를 둘러보니, 새삼스럽게 지난 일들이 떠올랐다.

'회사가 많이 변했군. 그래도 다시 돌아오니 기분이 새로운걸.'

스티브 잡스는 직원들 한 사람 한 사람과 반갑게 인사를 나누었다. 그러나 직원들이 스티브 잡스를 대하는 태도는 차가웠다. 게다가 회사 상태가 아주 엉망이었다. 직원들은 아무 곳에서나 마구 담배를 피웠다. 심지어 회사에서 개를 기르는 사람도 있었다.

직원들은 스티브 잡스가 지나가면 뒤에서 수군거렸다.

"예전에 쫓겨났으면서 왜 돌아왔는지 몰라. 생각도 없고 자존심도 없는 사람인가 봐."

"경영 고문으로 우리 회사에 다시 돌아왔다는데 '애플'을 예전의 모습으로 돌려놓겠다고 하잖아. 말도 안 되는 소리지."

"이런 망해 가는 회사를 어떻게 살리겠다는 건지, 정말 한심하군."

스티브 잡스는 직원들이 하는 말을 듣고 반박하지 않았다. 충분히 그렇게 생각할 수 있을 것 같았다. 스티브 잡스가 봐도 '애플'이 만드는 제품들은 형편없었고, 직원들은 의욕이 없었다.

스티브 잡스는 어밀리어 회장에게 말했다.

"도저히 안 되겠습니다. 이대로 가면 곧 부도가 나고 말 겁니다. 지금까지 망하지 않은 게 대단하네요. 새로운 규칙을 세워야겠어요."

"새로운 규칙이라고요?"

"직원들을 쭉 둘러보았습니다. 문제가 심각하더군요. 이런 마음가짐으로는 절대 좋은 제품을 만들 수 없습니다. 강력한 규칙을 만들어 분위기를 바로잡아야 합니다. 내일 당장 연구원들과 경영 간부들을 불러 모아 주십시오."

"네, 그렇게 하겠습니다."

어밀리어 회장은 그렇게 하기로 약속했다. 스티브 잡스는 경영 고문으로 나선 뒤, 가장 먼저 '애플'의 직원들이 지켜야 할 규칙들을 만들었다.

강하게 밀어붙이는 스티브 잡스에게 간부들이 따지는 듯이 말했다.

"이건 너무합니다."

"맞아요. 복도에서 담배도 피우지 말라니요!"

"담배 연기를 싫어하는 직원과 알레르기가 있는 직원들을 생각해 본 적이 있습니까?"

스티브 잡스는 단호하게 물었다.

"몇 사람 때문에 다른 직원들이 희생해야 합니까?"

"지금 희생이라고 했습니까? 단 한 사람을 위해서라도 반드시 금지할 것입니다. '애플'이 이렇게 된 것은 현재 컴퓨터 시장 탓도 있지만, 무엇보다 여러분들이 정신을 똑바로 차리지 않은 탓이 큽니다.

그리고 남들보다 부지런하지 않으면 절대 앞서 갈 수 없습니다. 내일부터 모두 아침 여섯 시까지 출근하세요. 단 한 사람이라도 아침 여섯 시까지 출근하지 않으면, 시간을 앞당겨서 다섯 시까지 오는 것으로 하겠습니다. 이 규칙들을 어기면, 월급을 깎겠습니다. 심할 경우 해고도 할 수 있습니다."

지금까지 자유롭게 지내 왔던 직원들은 스티브 잡스를 비난했다. 그러나 스티브 잡스는 절대 흔들리지 않고, 확실하고 철저하게 회사를 관리했다.

스티브 잡스는 다른 직원들보다 일찍 회사에 출근했다. 그리고 날마다 아침 여섯 시에 직원 조회를 했다. 직원들을 강당에 불러 모아 놓고 늘 같은 말을 했다.

"다르게 생각하십시오. 남들과 똑같이 생활하고 생각한다면 변화할 수 없습니다."

스티브 잡스의 생각은 맞았다. 점점 회사 분위기가 달라졌다. 여섯 달 뒤, 어밀리어 회장이 '애플'을 떠나고, 스티브 잡스가 다시 회장 자리에 올랐다.

'애플'은 일 년 동안 단순하고 쓰기 좋으면서 값도 싼 컴퓨터를 개발해 냈다.

스티브 잡스는 컴퓨터 전시회에서 새로운 컴퓨터를 선보이며 사람들에게 말했다.

"제가 '애플'로 돌아온 뒤, 많은 걱정과 근거 없는 추측, 뜬소문이 나돌았습니다. 저는 오늘 이 컴퓨터를 선보임으로써 그것들이 모두 잘못된 것이었음을 증명하겠습니다."

스티브 잡스는 단순하고 힘이 넘치는 말투로 사람들을 사로잡았다.

'애플'이 내놓은 새로운 컴퓨터는 성능은 물론, 디자인도 아주 뛰어났다. 이름은 '아이맥'이었다. '아이맥'은 반투명한 플라스틱 상자와 밝은 색상으로 놀라운 관심을 끌었다.

사람들은 '아이맥'에 온갖 찬사를 보냈다. '쓰기 편한 것이 좋은 것'이라는 스티브 잡스의 신념은 맞아떨어졌다. '아이맥'을 내놓으며 '애플'은 컴퓨터 시장에 새로운 돌풍을 일으켰다. '아이맥'은 날개 돋친 듯이 팔려 나갔다.

'애플'은 곧 다섯 가지 색상으로 '아이맥'을 새롭게 선보였다. 그 뒤에도 꾸준히 기능을 개선한 제품을 내놓아 판매량을 늘려 갔다. '애플'의 주식 가격은 껑충 뛰었다. 그리고 얼마 지나지 않아 '애플'은 예전의 명성과 신뢰를 되찾았다.

경영진들은 신임 회장으로 다시 스티브 잡스를 뽑았다. 2000년, 스티브 잡스는 '애플'의 정식 회장이 되었다. 스티브 잡스가 다시 한번 능력을 인정받는 순간이었다.

수많은 컴퓨터 업체의 경영인들 가운데 스티브 잡스만큼 모든 것을 맛본 사람은 없었다. 스티브 잡스는 '아이맥'이 성공을 거둔 뒤, 직원들에게 말했다.

"저는 앞으로 결코 현실에 만족하지 않을 것이며, 끊임없는 노력으로 컴퓨터와 영상 산업을 발전시킬 것입니다. 성공을 하기 위해서는 자신이 사랑하는 일을 먼저 찾아야 합니다. 그리고 일에 대한 열정을 갖기 바랍니다. 날마다 오늘이 인생의 마지막 순간이라고 생각하며 살아가기 바랍니다. 꾸준히 자신의 길을 가십시오. 끝까지 인내하고 도전하면, 반드시 길이 보입니다. 여러분들의 삶은 영원하지 않습니다. 그러니 시간을 낭비하지 마십시오."

'애플'의 직원들은 그 말에 열광적인 박수를 쳐 주었다. 사람들은 스티브 잡스를 최고의 경영인으로 인정했다. 스티브 잡스는 경제 전문지 〈포춘〉이 뽑은 막강한 영향력을 행사하는 경영인 스물다섯 명 가운데 일 등을 차지하기도 했다.

스티브 잡스의 도전은 거기에서 끝나지 않았다. 2001년에 휴대용 엠피쓰리 플레이어인 '아이팟'으로 사람들을 놀라게 했고, 2007년에는 휴대 전화까지 내놓았다. 사람들은 '애플'의 첫 번째 휴대 전화인 '아이폰'을 사기 위해 새벽부터 줄을 섰다.

영화, 음악, 휴대 전화를 비롯해 여러 분야를 아우르는 스티브 잡스의 창조력과 도전 정신은 '애플'을 이 시대의 *아이콘으로 만들었다. 또한 독특한 발상과 매력 넘치는 설명으로 사람들을 사로잡는 스티브 잡스의 *프레젠테이션은 많은 경영인들에게 본보기가 되었다.

스티브 잡스는 자신이 좋아하는 것을 끊임없이 개발하고, 결코 포기하지 않았다. 그리고 항상 새롭게 도전해 결국 꿈을 이루어 냈다.

---

* **아이콘** | 우상, 또는 무엇을 대표하는 것.
* **프레젠테이션** | 청중에게 정보나 기획을 설명하는 것.

시크릿
포인트
11
Secret Point

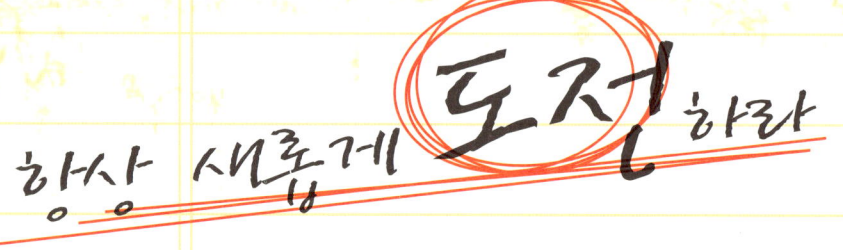

항상 새롭게 도전하라

성공을 한 다음에는 두 가지 길이 있어요. 그 자리에 머무르는 것과 새로운 도전을 하는 것이지요. 그 자리에 머물러 있으면 걱정거리가 없어요. 그에 비해 새롭게 도전하는 것에는 예상치 못한 많은 위험이 도사리고 있지요.

기울어 가던 '애플'은 스티브 잡스에게 도움을 요청했어요. '애플'을 다시 일으켜 세우는 것은 처음 회사를 세우는 것보다 더 힘든 일이었어요. 주변 사람들은 모두 스티브 잡스를 걱정했어요. '애플'을 다시 일으켜 세우는 것은 불가능해 보였어요. 스티브 잡스는 애니메이션 사업에 성공해 남부러울 것이 없었어요. 그런데도 '애플'에 다시 들어가 새로운 도전을 시작했어요. 스티브 잡스는 긴장과 규율이 풀어진 직원들을 바로잡고, 기술 개발에 온 힘을 쏟았어요. 그리고 '애플'을 되살리는 기적을 만들었어요.

사람은 누구나 실패하는 것을 두려워해요. 안전한 자리에 이르면, 더 큰 도전을 꺼리기도 하지요. 하지만 도전을 하지 않으면, 아무것도 얻을 수 없어요. 무엇보다도 성공의 짜릿함을 맛볼 수 없지요. 여러분의 마음에 새로운 도전을 할 준비가 되어 있나요?

거장들의 시크릿 02
스티브 잡스 – 창조적으로 생각하고 끈기 있게 도전하라

펴낸날	초판 1쇄　2008년 3월 21일
	초판 8쇄　2016년 1월 15일

지은이	백은하
그린이	박현정
펴낸이	심만수
펴낸곳	(주)살림출판사
출판등록	1989년 11월 1일 제9-210호

주소	경기도 파주시 광인사길 30
전화	031-955-1350　팩스　031-624-1356
홈페이지	http://www.sallimbooks.com
이메일	book@sallimbooks.com

ISBN	978-89-522-0833-0　74080
	978-89-522-0826-2　74080 (세트)

살림어린이는 (주)살림출판사의 어린이 브랜드입니다.

＊값은 뒤표지에 있습니다.
＊잘못 만들어진 책은 구입하신 서점에서 바꾸어 드립니다.